# EXERCICES EN PYTHON

Plus de 100 exercices corrigés

Hafed Benteftifa, PhD

Enseignant en informatique

Collège de Bois-de-Boulogne, Montréal, Canada

À la mémoire de mes
parents :

*Fatma-Zohra* et *Sid'Ahmed*

À mes enfants :

*Malia, Moncef*

et à ma femme :

*Assia*

# Remerciements

Ce livre a été rendu possible grâce à la contribution de nombreuses personnes avec qui j'ai le plaisir de travailler au quotidien au collège de Bois-de-Boulogne. Mes plus sincères remerciements à Halia Ferhat, Sabine Boufenara, Soraya Ferdenache, Sabri Benferhat, Hacine Benchoubane et Simon Delamarre. Leur aide a été très précieuse pour concrétiser ce projet.

Je tiens aussi à exprimer ma gratitude envers les centaines d'étudiants et étudiantes qui ont contribué indirectement à la réalisation de ce livre, à travers les commentaires et les suggestions faites durant les formations et cours que je donne dans la région du grand Montréal.

# Contenu en Bref

# Table des matières

# Liste des figures

# Liste des tables

# AVANT-PROPOS

## Pourquoi ce livre ?

Que vous soyez un étudiant ou étudiante en informatique, un ou une autodidacte passionné.e par la programmation ou simplement curieux d'apprendre un nouveau langage, ce livre d'exercices corrigés est conçu pour vous aider à acquérir les bases solides de la programmation en utilisant Python.

Malgré qu'il y'ait un grand nombre de livres sur Python, on constate par contre qu'il en existe très peu qui soient en français et proposent exclusivement des exercices de pratique, surtout pour les débutants et débutantes dans la programmation Python.

C'est ce vide que ce livre espère combler, en proposant plus de cent exercices de programmation.

Ce livre se concentre sur l'apprentissage pratique à travers des exercices soigneusement sélectionnés qui vous guideront pas à pas dans votre parcours de programmation Python. Chaque exercice est conçu pour renforcer vos connaissances et votre compréhension des concepts clés, tout en vous aidant à développer vos compétences de résolution de problèmes.

Les exercices sont regroupés par thèmes, couvrant des sujets tels que les variables, les structures de contrôle et les structures répétitives, les fonctions, les listes, les fichiers, les classes et bien plus encore. Chaque exercice est accompagné d'une solution détaillée, vous permettant de vérifier votre réponse et d'approfondir votre compréhension.

Python est un langage plaisant et cela a été un réel plaisir de rédiger ce livre d'exercices. J'espère qu'il vous donnera autant de plaisir.

## Ce qui est couvert dans ce livre

*Chapitre 1*
Ce chapitre présente la procédure d'installation de l'environnement de développement

**pycharm** utilisé dans ce livre.

*Chapitre 2*
Ce chapitre présente des exercices portant sur la syntaxe de base de Python et les types de données que sont les entiers, les réels, les chaînes de caractères et booléennes. Des exercices sur les différentes types d'opérateurs sont aussi proposés.

*Chapitre 3*
On propose ici des exercices sur les structures de contrôle qui peuvent modifier le flux séquentiel d'exécution d'un programme. Les structures **if** sont illustrées avec un certain nombre d'exercices.

*Chapitre 4*
De la même manière que dans le chapitre 3, on introduit ici des exercices portant sur les structures de boucle qui peuvent modifier aussi le flux séquentiel d'exécution d'un programme. Des exercices sur les structures **while** et **for** sont proposés.

*Chapitre 5*
Des exercices variés sur la notion d'unités de programme ou fonctions sont proposés dans ce chapitre. Les notions portant sur la déclaration, l'appel de fonctions ainsi que l'utilisation de variables locales et globales sont couvertes ici.

*Chapitre 6*
Dans ce chapitre, on couvre les structures de données ou collections de base de Python, à savoir les `list`, `tuple`, `set` et `dict`.

*Chapitre 7*
On introduit ici des exercices portant sur le concept de l'orienté objet avec la notion de classes et d'objets. On explore la structure de base d'une classe du point de vue de Python avec l'initialisateur, constructeur et méthodes.

*Chapitre 8*
On continue ici avec l'orienté objet en introduisant l'héritage dans la conception de classes parent et enfant et l'utilisation de la généralisation et spécialisation. Ces exercices permettront de renforcer les notions de l'approche orientée objet dans la conception de solutions efficaces.

*Chapitre 9*
Étant donné que l'on manipule les données en entrée et en sortie d'un programme, on introduit dans ce chapitre des exercices portant sur la lecture et l'écriture à partir de fichiers texte et binaire.

*Chapitre 10*
Un certain nombre d'exercices sont proposés dans ce chapitre afin d'intégrer de manière efficace une gestion des exceptions dans les scripts et programmes Python.

*Chapitre 11*
On utilise ici le module natif `tkinter` disponible au niveau de la librairie standard de

Python afin d'intégrer les composantes graphiques essentiels dans la réalisation d'interfaces graphiques.

*Chapitre 12*
Un laboratoire pratique de réalisation d'un programme complet en python en plusieurs étapes est proposé dans ce chapitre.

## Ce qui est nécessaire pour faire les exercices

Tous les exemples, exercices et problèmes proposés dans ce livre ont été réalisés avec la version 3.11 de Python. L'environnement de développement utilisé est pycharm, offert par Jetbrains, la version spécifique est pycharm 2022. D'autres environnements tel que Eclipse pydev, visual studio code, jupyter anaconda et autres peuvent être utilisés pour pratiquer les exemples de ce livre.

## Audience pour ce livre

Ce livre a été conçu spécialement pour les personnes désirant pratiquer les notions de bases du langage Python. Il est le complément idéal pour mettre en pratique les compétences acquises dans une formation ou un livre d'introduction à Python.

Pour vous aider à cerner les compétences nécessaires pour résoudre les exercices, chaque chapitre commence par la liste des connaissances requises. Pour ceux qui le désirent, celles-ci peuvent être acquises à l'aide du livre **Python par la pratique** du même auteur.

Vous pouvez travailler à votre propre rythme, en choisissant les exercices qui vous intéressent le plus ou en suivant une progression linéaire à travers les chapitres proposés.

## Conventions

Dans ce livre, un certain nombre de styles de texte ont été adoptés pour vous alerter sur l'importance d'un mot ou d'une phrase. Les conventions sont les suivantes :

*Code Python*
Tout ce qui se rattache à des instructions, variables, fonctions, classes ou autres éléments d'un code Python sera sous la forme :

```python
#Code python
print('Un exemple')
```

Dans un texte explicatif, comme ici `tkinter`, on a utilisé la police de caractères `COURIER` pour indiquer une syntaxe propre au langage Python. Tout ce qui est défini en dehors de la syntaxe de base sera en gras comme **Employe** qui est une classe définie dans un code Python.

De plus, des explications supplémentaires sont illustrées par une série de pictogrammes.

*Alerte*
Celle-ci sera utilisée pour attirer votre attention sur un problème potentiel qui pourrait se produire.

Alerte

*Votre attention est attirée ici.*

*Information*
Celle-ci sera utilisée pour fournir des informations supplémentaires pour ceux qui veulent aller plus loin.

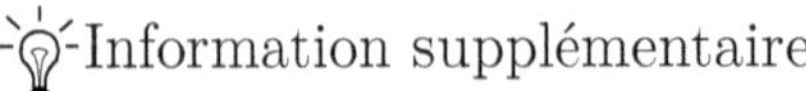Information supplémentaire

*Une information complémentaire en relation avec la section est présentée ici.*

## Code source

Le code source de tous les exercices est fourni sur le site web compagnon disponible sur l'adresse `https://github.com/degenio/livre_exercices_python`

Dans le cadre de votre apprentissage du langage Python, il est important d'essayer de développer par vous même une solution avant de reprendre le code indiqué.

Il est essentiel de comprendre qu'il existe plusieurs manières de résoudre un exercice. Votre solution peut donc différer de celle indiquée dans ce livre.

De plus, certaines des solutions proposées ne sont pas pythoniques et ne tirent pas le meilleur parti des caractéristiques syntaxiques de Python. C'est un choix délibéré en raison du fait que ce livre est destiné en grande partie à des débutants et débutantes en programmation.

La clé de la maîtrise de la programmation est la pratique régulière. Plus vous pratiquez, plus vous renforcez vos compétences et votre confiance en tant que développeur ou développeuse. Nous vous encourageons à vous plonger dans les exercices et à expérimenter des approches que vous pensez ne pas être correctes. Ne vous inquiétez pas si vous rencontrez des difficultés, car c'est grâce à ces défis que vous grandirez en tant que programmeur ou programmeuse.

## Errata

Toutes les précautions nécessaires ont été prises afin de valider l'exactitude du contenu de ce livre. Le code source a été vérifié avec la version la plus récente de Python.

Si malgré tout, vous avec trouvé des erreurs dans le contenu ou le code source, veuillez envoyer un courrier à info@degenio.com en indiquant le détail de l'erreur (numéro de page, section et l'erreur).

Une fois validée, nous mettrons à jour la section errata du livre sur `https://github.com/degenio/livre_exercices_python/errata`

## Questions et feedback

Pour toutes questions en relation avec ce livre, prière de communiquer avec nous sur info@degenio.com

# Chapitre 1

# Environnement de développement

Connaissances requises

○ Utiliser un ordinateur
○ Télécharger des fichiers d'un serveur
○ Comprendre la syntaxe de base de Python

## 1.1   Manipulation 1 : Installation de Python

**Objectif**

Installer Python.

**Contexte**

Accès disponible à Internet pour télécharger l'installateur de Python.

**Démarche**

Python est disponible pour un grand nombre de plateformes dont Windows, Mac et Linux. Le site principal pour le téléchargement est `https://www.python.org`

Le lien de téléchargement est accessible à travers le menu principal comme le montre la figure 1.1. Dans ce qui suit, on montre la procédure d'installation pour Windows.

FIGURE 1.1 – Lien de téléchargement de Python.

— Cliquer sur le bouton (ou lien) indiqué. La version montrée est celle disponible en décembre 2022, soit la version 3.11. Il est possible qu'au moment de votre visite sur le lien, une nouvelle version soit disponible. Dans ce cas, les étapes d'installation devraient être les mêmes.
— Une fois le programme d'installation téléchargé, procéder à son lancement. L'écran d'installation est similaire à celui montré dans la figure 1.2. Vous aurez un chemin différent d'installation dans votre cas.
  Le chemin d'installation dans la figure 1.2 est pour l'utilisateur nommé degenio2020.

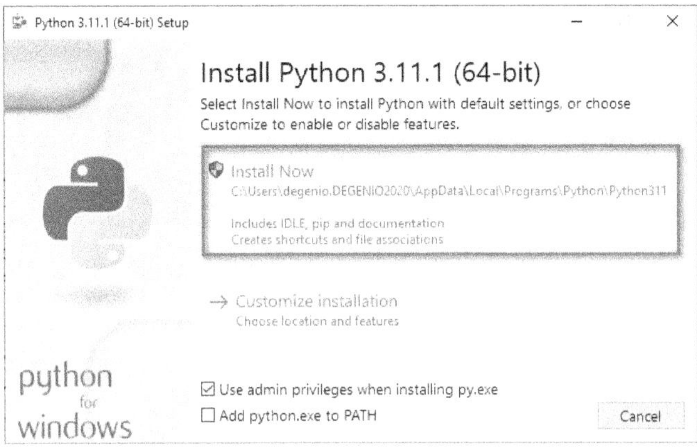

FIGURE 1.2 – Écran d'installation de Python.

— Cliquer sur l'option **Install Now**. S'il y'a un prompt concernant le contrôle d'utilisateur, cliquer sur **Yes** pour continuer l'installation.

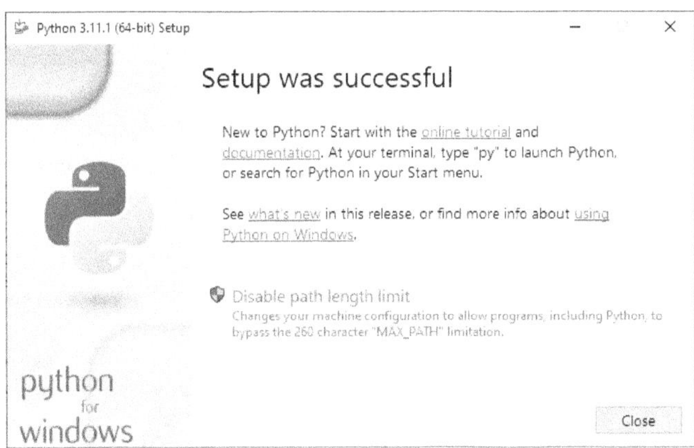

FIGURE 1.3 – Confirmation de l'installation de Python.

L'installation prendra quelques minutes et un écran de confirmation apparaîtra à la fin comme le montre la figure 1.3.

— On va vérifier maintenant la version de Python installée sur votre votre machine. Ouvrez une fenêtre DOS. Celle-ci peut être lancée en utilisant la commande **CMD** dans la zone de recherche de Windows. Lancer ensuite la commande **python – version** comme indiquée dans la figure 1.4. Elle devrait vous afficher la version actuelle de Python que vous venez d'installer.

— Pour valider l'installation, on va lancer une commande d'affichage à travers Python. C'est le fameux **Hello World** de la programmation. En premier, lancer l'interpréteur Python en tapant la commande **python** suivi de la touche **Entrée**.

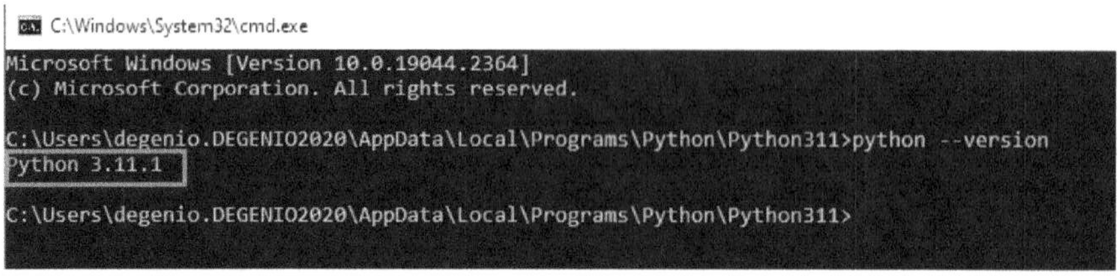

```
C:\Windows\System32\cmd.exe

Microsoft Windows [Version 10.0.19044.2364]
(c) Microsoft Corporation. All rights reserved.

C:\Users\degenio.DEGENIO2020\AppData\Local\Programs\Python\Python311>python --version
Python 3.11.1

C:\Users\degenio.DEGENIO2020\AppData\Local\Programs\Python\Python311>
```

FIGURE 1.4 – Confirmation de la version installée de Python.

On verra apparaître le prompt »> comme le montre la figure 1.5.

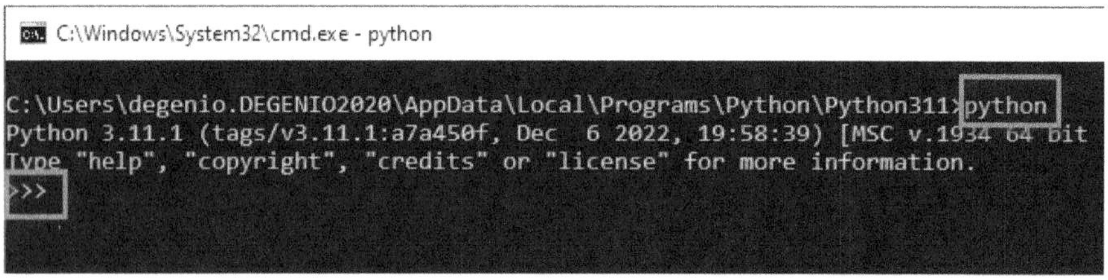

```
C:\Windows\System32\cmd.exe - python

C:\Users\degenio.DEGENIO2020\AppData\Local\Programs\Python\Python311>python
Python 3.11.1 (tags/v3.11.1:a7a450f, Dec  6 2022, 19:58:39) [MSC v.1934 64 bit
Type "help", "copyright", "credits" or "license" for more information.
>>>
```

FIGURE 1.5 – Lancement de l'interpréteur de python.

— Saisir la commande d'affichage. Celle-ci fait appel à la fonction `print`(). On indiquera aussi la chaîne de caractères à afficher. On encadre la chaîne avec les
  apostrophes doubles ou simples. Appuyer sur **Entrée** pour exécuter la commande.
  Cela donne le résultat de la figure 1.6.

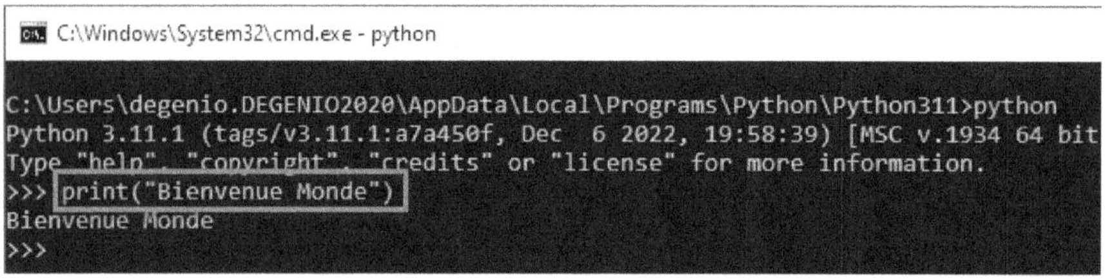

```
C:\Windows\System32\cmd.exe - python

C:\Users\degenio.DEGENIO2020\AppData\Local\Programs\Python\Python311>python
Python 3.11.1 (tags/v3.11.1:a7a450f, Dec  6 2022, 19:58:39) [MSC v.1934 64 bit
Type "help", "copyright", "credits" or "license" for more information.
>>> print("Bienvenue Monde")
Bienvenue Monde
>>>
```

FIGURE 1.6 – Exécution d'une instruction de base.

— Pour sortir de l'interpréteur, appuyer sur les touches **CTRL** et **Z** et appuyer
  ensuite sur **Entrée**. Sinon, vous pouvez toujours taper la commande `exit`() pour
  sortir.

## 1.2   Manipulation 2 : Installation de l'IDE pycharm

**Objectif**

Installer l'IDE pycharm.

**Contexte**

Accès disponible à Internet pour télécharger l'installateur de l'IDE pycharm.

**Démarche**

L'environnement de développement intégré (IDE) pycharm est édité par la société Jet-Brains. Celle-ci a mis sur le marché un bon nombre d'environnements de développement dont IntelliJ et AndroidStudio. Dans le cas de Python, elle offre l'environnement **pycharm**. Celui-ci est décliné en deux versions, soit la version professionnelle et la version community.

Une différence majeure entre les deux versions est le support pour le développement d'applications web avec Python qui est offert nativement sur la version professionnelle. Dans ce livre, on utilisera la version community. Celle-ci est mise à jour fréquemment et vous ne devriez pas voir de différences importantes au moment d'installer votre version.

Le lien de téléchargement se trouve sur le lien `https://www.jetbrains.com/pycharm/download/` comme le montre la figure 1.7.

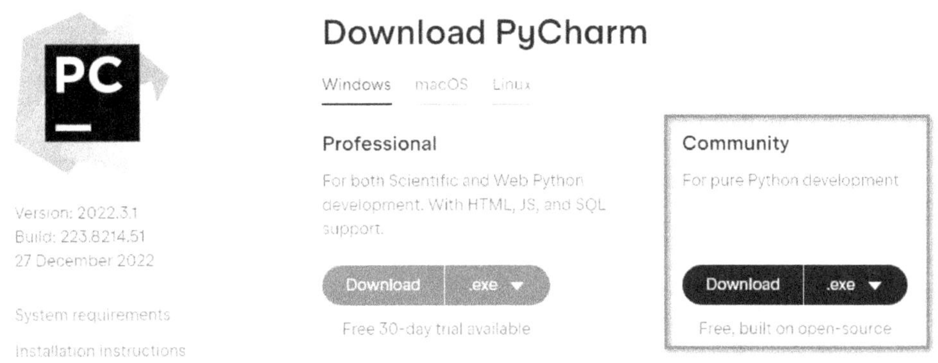


FIGURE 1.7 – Lien de téléchargement de l'IDE pycharm.

Dans ce qui suit, on montre la procédure d'installation pour Windows.

— Cliquer sur le bouton (ou lien) indiqué. La version montrée est celle disponible en décembre 2022, soit la version 2022.3.1. Il est possible que dans votre cas, une

nouvelle version soit disponible. Cela ne devrait pas être très différent et les étapes
d'installation devraient être les mêmes.

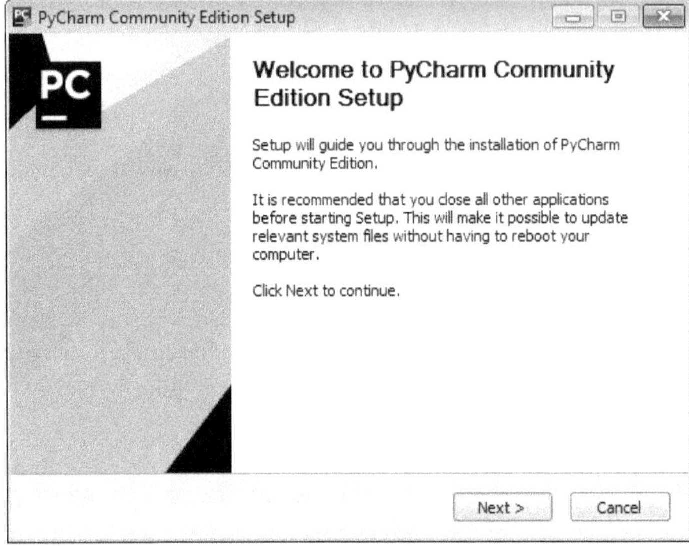


FIGURE 1.8 – Écran d'installation de pycharm.

— Une fois le programme d'installation de pycharm téléchargé, procéder à son lancement. L'écran d'installation est similaire à celui montré dans la figure 1.8.
— Sur l'écran suivant, vous aurez à vérifier et choisir le chemin d'installation.
   Le chemin dans la figure 1.9 est pour l'utilisateur qui est administrateur de la
   machine. Si vous n'êtes pas l'administrateur, il vous proposera d'installer pycharm
   sur votre profil personnel.
— Cliquer sur le bouton **Next**.

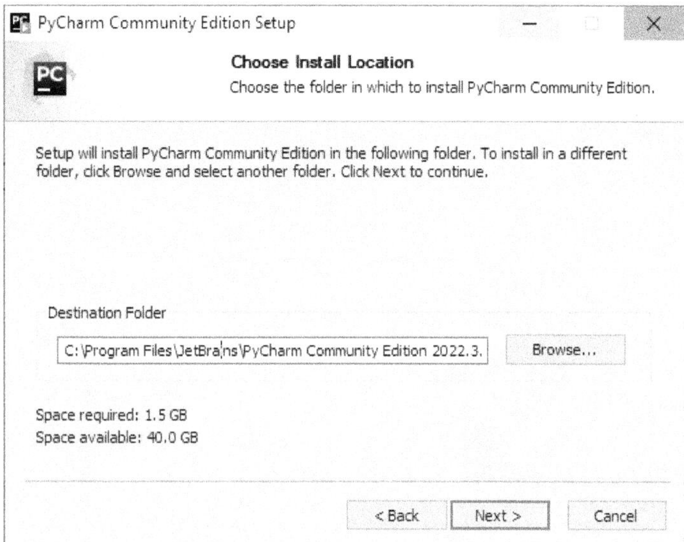

FIGURE 1.9 – Écran d'installation de pycharm, choix du répertoire d'installation.

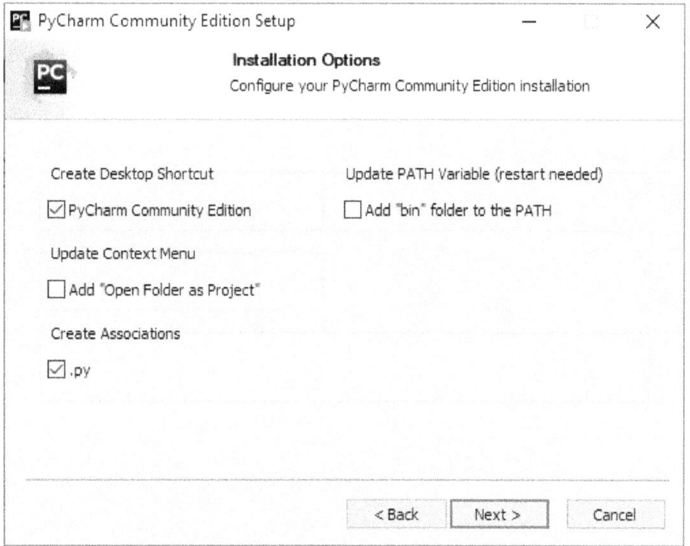

FIGURE 1.10 – Association de l'extension py avec les fichiers Python.

— Comme le montre la figure 1.10, vous pouvez associer l'extension *.py* avec les fichiers python.
— Sur l'écran suivant, laisser les options par défaut et cliquer sur le bouton **install**.

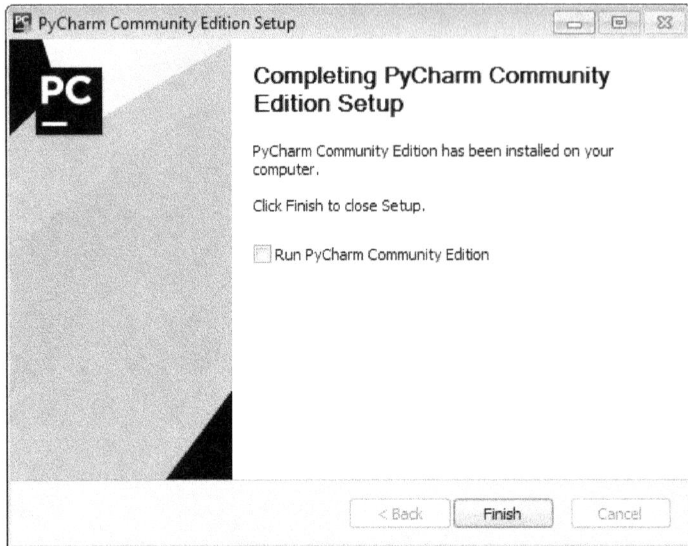

FIGURE 1.11 – Confirmation de l'installation.

— L'installation prendra quelques minutes et un écran de confirmation apparaîtra à
  la fin comme le montre la figure 1.11.

## 1.3  Manipulation 3 : Prise en main de l'IDE pycharm

### Objectif

Écrire et exécuter un programme simple.

### Contexte

Disponibilité de l'IDE pycharm et de Python 3.X.

### Démarche

Suivre les instructions suivantes pour créer un projet pour ce laboratoire.

— Créer un nouveau projet comme le montre l'écran suivant. Noter que la forme de l'écran peut être différente dans votre cas. Ce qui est important est de trouver le bouton **New project** ou **nouveau projet**.

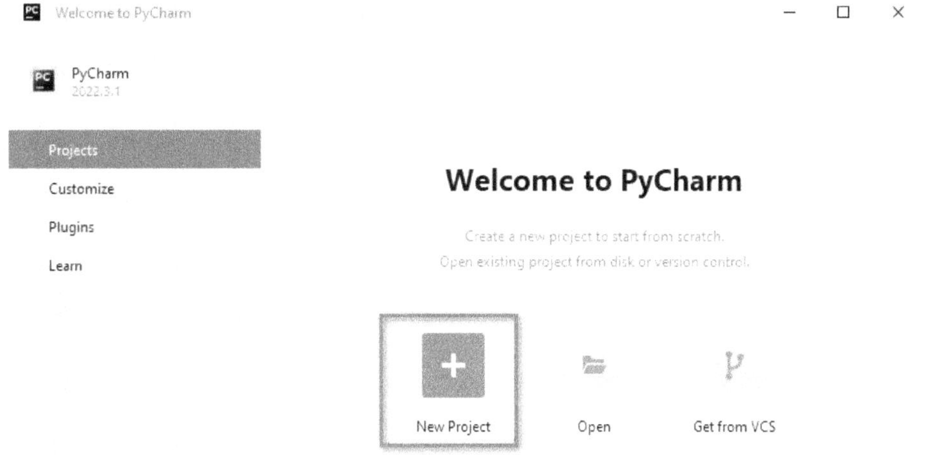


FIGURE 1.12 – Création de projet

— On indiquera l'emplacement du projet et l'interpréteur qui sera utilisé pour le projet. Il faut noter que l'on va utiliser la version 3.11 de Python (ou plus récente). Nommer le projet **lab1_partie1**.
— Un projet dans Python et dans pycharm contiendra des modules ou fichiers. On utilise des packages ou répertoires pour organiser le code source. Pour le moment, on ne procède pas à la création de package.
— Créer votre premier module Python. Avec la touche droite de la souris, sélectionner l'option de création de module python comme le montre la figure 1.14.

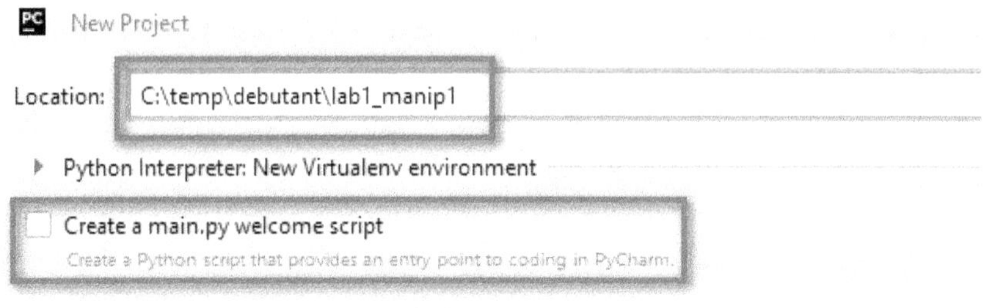

FIGURE 1.13 – Emplacement du projet

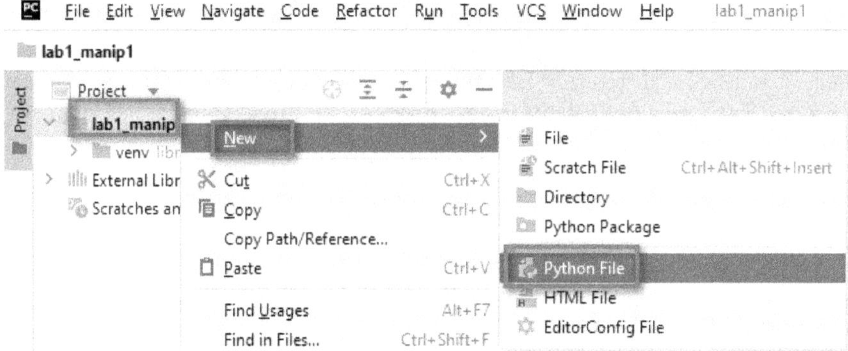

FIGURE 1.14 – Création de module dans pycharm.

— Une bonne convention à adopter est de préfixer les modules avec **mod_**. Cela évitera des références circulaires (lors des opérations d'import). Le module sera nommé **mod_monde.py**

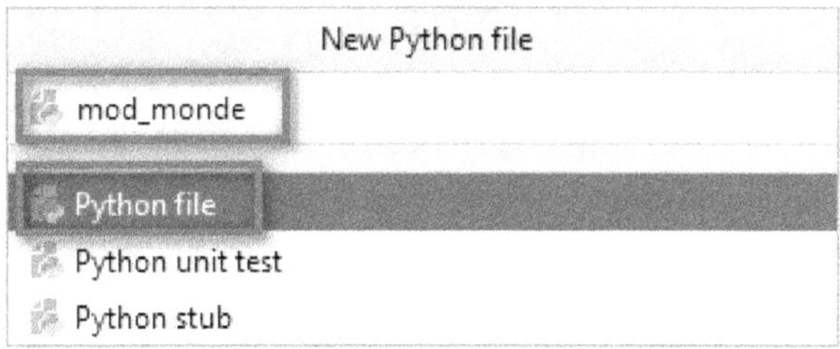

FIGURE 1.15 – Nom du module

— La structure finale du projet dans pycharm devrait ressembler à la figure 1.16. Le répertoire **venv** est l'environnement virtuel ou répertoire qui sera utilisé pour les librairies et autre modules que vous pourriez importer dans votre projet. Pour le moment, vous n'avez pas à vous inquiéter pour cet environnement.

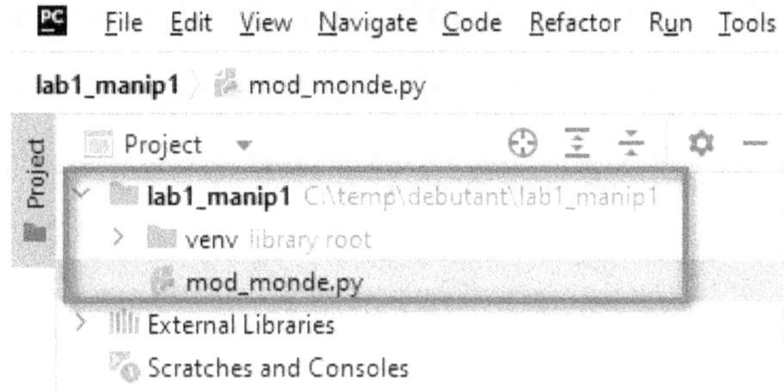

FIGURE 1.16 – Structure du projet

— Écrire le code indiqué dans la figure 1.17 tel quel. Celui-ci permet d'afficher la chaîne de caractères au niveau de la console.

FIGURE 1.17 – Code Bienvenue monde

— Exécuter votre programme en cliquant sur **Run** au niveau du menu ou avec les touches **CTRL+SHIFT+F10**.
— Si vous n'avez aucune erreur, vous obtenez au niveau de la console la sortie indiquée par la figure 1.18.

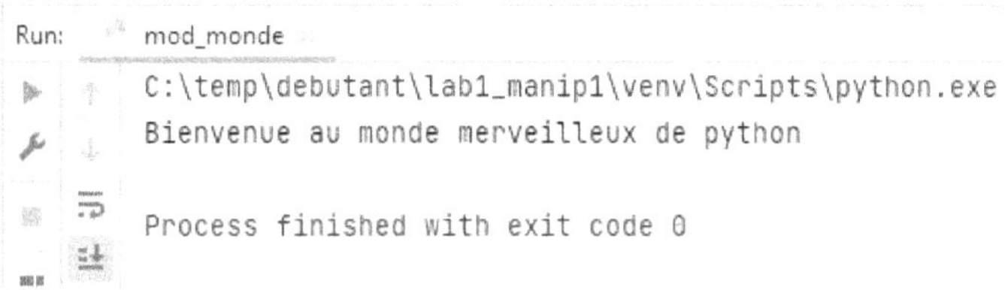

FIGURE 1.18 – Sortie sur console

— Modifier votre code afin d'ajouter une ligne qui affiche en plus le message **Au revoir et à bientôt**. Exécuter votre programme.

## Remettre l'interface de pycharm à son état initial

*Si jamais votre IDE n'a plus la même apparence que celle que vous aviez au tout début, vous pouvez la réinitialiser en cliquant sur l'option Window-Restore Default Layout au niveau de la barre de menu.*

## 1.4   Manipulation 4 : Modification d'instructions de sortie

**Objectif**

Modifier et exécuter un programme simple.

**Contexte**

Disponibilité de l'IDE pycharm et de Python 3.X.

**Démarche**

— À partir de l'IDE pycharm, créer un nouveau projet. On ne va pas utiliser la chaîne directement dans le `print()`, comme dans le code du listing 1.1 :

**Listing 1.1 – Instruction print de base**

```python
print('Bienvenue au monde merveilleux de Python')
```

— On va intégrer une variable comme indiqué dans le listing 1.2, soit :

**Listing 1.2 – Code utilisant une variable**

```python
message = 'Bienvenue au monde merveilleux de Python"
print(message)
```

— Exécuter votre programme. Noter les messages que vous obtenez au niveau de l'onglet de sortie.
— Qu'est ce que vous remarquez ?

# Chapitre 2

# Syntaxe de base

Connaissances requises

- ◯ Comprendre la structure d'un programme Python
- ◯ Comprendre ce qu'est une variable
- ◯ Identifier les types de données (str, int, float)
- ◯ Identifier les opérateurs arithmétiques
- ◯ Identifier les opérateurs relationnels
- ◯ Identifier les opérateurs logiques
- ◯ Comprendre comment faire une conversion de type

### EXERCICE 2.1

Demander à l'utilisateur son nom et afficher le résultat sous le format suivant :

Bonjour `nom_utilisateur`

sachant que **nom_utilisateur** est celui saisi par l'utilisateur.

— Exemple : si l'utilisateur saisit **Flouflou**

On affichera : Bonjour Flouflou

## Solution

On utilise ici la fonction `input()` pour la saisie du nom qui est une chaîne de caractères. La fonction `print()` est utilisée pour l'affichage.

```python
nom_utilisateur = input('Saisir votre nom:')
print('Bonjour {}'.format(nom_utilisateur))
```

### EXERCICE 2.2

Demander à l'utilisateur son salaire et lui ajouter 500. Afficher le résultat sous le format suivant :

Votre nouveau salaire est `nouveau_salaire`

sachant que **nouveau_salaire** est la valeur finale du salaire.

— Exemple : si l'utilisateur saisit 1200

On affichera : Votre nouveau salaire est 1700.00

## Solution

On utilise ici la fonction `input()` pour la saisie du salaire. Étant donné que l'on va faire des calculs sur la valeur reçue, on procède à une conversion en utilisant `float()`. Noter que l'on utilise le formattage `7.2f` de la valeur à afficher. De plus, le paramètre **salaire** est à l'index 0, ce qui donne `0:7.2f`.

```python
salaire = float(input('Saisir votre salaire:'))
salaire += 500
print('Votre nouveau salaire est: {0:7.2f}'.format(salaire))
```

## EXERCICE 2.3

Saisir le nom d'un étudiant, ses notes d'examen intra et final et afficher le résultat sous la forme suivante :

nom étudiant : `nom_etudiant` Moyenne : `moyenne_etudiant`

La moyenne est égale à `.4 * examen_intra + .6 * examen_final`

Ici, **nom_etudiant** est le nom de l'étudiant, **examen_intra** et **examen_final** sont les notes de l'examen intra et final.

— Exemple : si l'utilisateur saisit **Flouflou**, 65 et 70, On affichera :

Nom étudiant : Flouflou Moyenne : 68

## Solution

On utilise ici la fonction `input()` pour la saisie du nom qui est une chaîne de caractères et la fonction `print()` pour l'affichage. Pour les notes d'examen, on doit faire une conversion en utilisant `float()` car celles-ci vont être utilisées dans des opérations arithmétiques .

```python
nom_etudiant = input('Saisir le nom étudiant:')
examen_intra = float(input('Saisir la note intra:'))
examen_final = float(input('Saisir la note du final:'))
moyenne_etudiant = 0.4 * examen_intra + 0.6 * examen_final
print('Nom etudiant: {} Moyenne:{}'.format(nom_etudiant,
    moyenne_etudiant))
```

## EXERCICE 2.4

On veut identifier le type d'une variable en utilisant la fonction `type()`.

— Soit les valeurs suivantes : 10, 1000000000000, -10, 10.10, '10', `True`
— Identifier les types de chacune de ces valeurs (en affectant en premier la valeur à une variable).

## Solution

On utilise ici la fonction `type()`. Celle-ci retourne le type exact de la valeur passée en paramètre.

```
var_1 = 0
var_2 = 1000000000000
var_3 = -10
var_4 = 10.10
var_5 = '10'
var_6 = True

print(type(var_1))
print(type(var_2))
print(type(var_3))
print(type(var_4))
print(type(var_5))
print(type(var_6))
```

## EXERCICE 2.5

Développer le code qui permet de vérifier si une variable **var1** est du type float.

On utilisera la fonction isinstance(**votre_variable,** type) pour la vérification. La valeur de test à utiliser sera **48.5**.

## Solution

On utilise isinstance(**var_1,** float) pour faire la vérification du type d'une variable.

```
var1 = float(input('Saisir une valeur réelle:'))
resultat = isinstance(var1, float)
print(resultat)
```

## EXERCICE 2.6

Écrire le code qui donne la division des variables **var1** par **var2**, le reste de la division et la division entière de **var1** par **var2**.

— On demandera à l'usager les valeurs pour **var1** et **var2**. Comme valeurs de test, on utilisera les valeurs initiales 20 et 8.
— On utilisera les variables **div**, **reste** et **div_entiere** pour stocker les résultats de la division, modulo et division entière.
— Ajouter les instructions pour afficher les valeurs de **var1**, **var2** et les résultats de la division, modulo et division entière.
— Qu'est ce que vous remarquez ?

$\boxed{\text{Solution}}$

On fait attention ici à différencier la division entière de la division réelle.

```python
var1 = 20
var2 = 8
div = var1 / var2
reste = var1 % var2
div_entiere = var1 // var2

print('La division de {} par {} donne:{}'.format(var1, var2, div))
print('Le reste de la division de {} par {} donne:{}'.format(var1,
    var2, reste))
#La division entière donne la valeur entiere du résultat seulement
print('La division entiere de {} par {} donne:{}'.format(var1, var2,
    div_entiere))
```

## EXERCICE 2.7

On utilisera la conversion explicite de valeurs lors de calculs arithmétiques.

— Demander à l'utilisateur deux valeurs numériques en utilisant la fonction `input()`.
— Afin de réaliser la somme des deux valeurs, effectuer la conversion des valeurs obtenues en utilisant `float()` et afficher le résultat obtenu.

$\boxed{\text{Solution}}$

Même si on pouvait convertir la valeur au moment de la saisie, on a préféré ici faire la conversion au moment de l'utilisation de la valeur. Pour cela, la fonction `float()` est appliquée sur la variable au lieu qu'elle le soit sur le retour de la fonction `input()`.

```python
val_1 = input('Saisir valeur 1:')
val_2 = input('Saisir valeur 2:')
resultat = float(val_1) + float(val_2)
print(resultat)
```

## EXERCICE 2.8

Écrire un programme qui demande à l'utilisateur d'entrer trois nombres entiers et effectue les opérations suivantes dans l'ordre indiqué :

— Calcule la somme des deux premiers nombres et multiplie le résultat par le troisième nombre.

— Soustrait le troisième nombre du résultat obtenu à l'étape 1.
— Divise le résultat obtenu à l'étape 2 par la somme des trois nombres.
— Affiche le résultat final.

## Solution

Le programme effectue les opérations conformément à la précédence des opérateurs, calcule le résultat final et l'affiche.

On remarque l'utilisation des parenthèses au niveau de l'addition étant donné que la multiplication et la division ont une plus grande précédence que l'addition.

```python
# Demander à l'utilisateur d'entrer trois nombres entiers
nombre1 = int(input("Entrez le premier nombre : "))
nombre2 = int(input("Entrez le deuxième nombre : "))
nombre3 = int(input("Entrez le troisième nombre : "))

# Calculer la somme des deux premiers nombres et multipliez le
↪   résultat par le troisième nombre
resultat1 = (nombre1 + nombre2) * nombre3

# Soustraire le troisième nombre du résultat obtenu à l'étape 1
resultat2 = resultat1 - nombre3

# Diviser le résultat obtenu à l'étape 2 par la somme des trois
↪   nombres
resultat_final = resultat2 / (nombre1 + nombre2 + nombre3)

# Afficher le résultat final
print("Le résultat final est :{}".format(resultat_final))
```

## EXERCICE 2.9

Écrire un programme qui demande à l'utilisateur d'entrer deux nombres entiers **a** et **b**. Soit l'expression :

— $((a > 3)$ and $(a < 10))$ or $((4 >= b)$ and $(b\mathrel{!=} 2))$

Éliminer les parenthèses superflues sans affecter l'ordre des opérations.

## Solution

On applique ici les règles de précédence entre les opérateurs en faisant attention aux opérandes. L'opérateur principal dans cette expression est **or**. Une fois identifié, ses opérandes sont couverts par les parenthèses.

```python
a = int(input('Saisir une valeur entiere 1:'))
b = int(input('Saisir une valeur entiere 2:'))
valeur_1 = ((a > 3) and (a < 10)) or ((4 >= b) and (b != 2))
valeur_2 = (a > 3 and a < 10) or (4 >= b and b != 2)
print(valeur_1)
print(valeur_2)
```

## EXERCICE 2.10

Développer un programme qui donne les coupures de billets à rendre aux clients lors de leurs achats. Les caissiers ou caissières vont saisir le total à payer et le montant remis par le client (cash). Le système doit afficher ce qu'il faut rendre aux clients.

On fera les hypothèses suivantes :

— Le montant total est toujours un entier
— Les billets disponibles sont 1$, 5$, 10$ et 20$ seulement

## Solution

En premier, on devrait vérifier que le montant remis est supérieur au montant total. Étant donné que l'on n'a pas encore pratiqué les structures de test, on a omis cette vérification.

La solution proposée ici utilise l'opérateur de division entière ainsi que l'opérateur modulo.

```python
montant_remis = int(input('Saisir le montant remis:'))
montant_total = int(input('Saisir le montant total:'))
change = montant_remis - montant_total
cp_vingt = change // 20
cp_dix = (change % 20) // 10
cp_cinq = (change % 10) // 5
cp_un = change - cp_vingt * 20 - cp_dix * 10 - cp_cinq * 5
print('Vingt: {0}, Dix: {1}, Cinq:{2}, Un:{3}'.format(
    cp_vingt, cp_dix, cp_cinq, cp_un))
```

## EXERCICE 2.11

Écrire le code qui demande à l'usager de saisir son nom, age et taille. On nous indique que le nom est une chaine de caractères, l'âge est un entier et la taille est un réel.

Afficher les informations de cet usager en utilisant la méthode `format()`.

## Solution

Le formattage de données avec la méthode `format()` est très flexible pour incorporer des valeurs dans des chaînes de caractères. Elle permet de spécifier la précision des nombres, la largeur des champs, le formatage des dates, etc. en utilisant des spécifications de format appropriées.

Dans cet exercice, nous avons une variable **nom**, une variable **age** et une variable **taille**.

La méthode `format()` est utilisée pour formater les données dans la chaîne de caractères **message**.

Dans la chaîne de formatage, nous utilisons des accolades comme espaces réservés pour les valeurs que nous voulons insérer.

Les accolades sans index sont remplacées par les valeurs dans l'ordre des arguments fournis à la méthode `format()`. Dans ce cas, {} est remplacé par **nom**, puis par **age**, puis finalement par **taille**.

L'index **:.2f** utilisé avec {} permet de formater **taille** en tant que nombre à virgule flottante avec deux décimales.

Enfin, le message formatté est affiché à l'aide de la fonction `print()`. On présente ici deux manières de référencer les variables dans le formattage.

```python
nom = input('Saisir votre nom:')
age = int(input('Saisir votre age:'))
taille = float(input('Saisir votre taille:'))

# Formattage de données à l'aide de la méthode format()
message = "Votre nom est: {}, age est: {} ans. Votre taille est {:.2f}
↪    mètres.".format(nom, age, taille)

# Affichage du message formatté
print(message)

# Formattage de données à l'aide de la méthode format() en utilisant
↪    les index
message = "Votre nom est: {0:12s}, age est: {1:3d} ans. Votre taille
↪    est {2:.2f} mètres.".format(nom, age, taille)
print(message)
```

# Chapitre 3

# Structures de test



- ◯ Utiliser une expression conditionnelle
- ◯ Utiliser des opérateurs relationnels dans les expressions conditionnelles
- ◯ Utiliser des opérateurs logiques dans les expressions conditionnelles
- ◯ Développer des structures de test if, if-else et if-elif
- ◯ Utiliser l'opérateur ternaire de test conditionnel

## EXERCICE 3.1

Demander à l'utilisateur trois nombres entiers. Ceux-ci seront stockés dans les variables
**a**, **b** et **c**. Trouver le maximum et le minimum.

## Solution

Dans la première solution, on compare les deux variables **a** et **b** à l'aide du test à une
voie. Le résultat sera ensuite comparé à la variable **c**.

```python
###### Solution 1 ######
a = int(input('Saisir a:'))
b = int(input('Saisir b:'))
c = int(input('Saisir c:'))
maximum = a
minimum = b
if b > a:
    maximum = b
    minimum = a

if maximum < c:
    maximum = c
elif minimum > c:
    minimum = c

print(minimum, maximum)
```

Une autre solution qui utilise l'affectation simultanée est la suivante :

```python
###### Solution 2 ######
a = int(input('Saisir a:'))
b = int(input('Saisir b:'))
c = int(input('Saisir c:'))
maximum, minimum = a, b

if b > a:
    maximum, minimum = b, a

if maximum < c:
    maximum = c
elif minimum > c:
    minimum = c

print(minimum, maximum)
```

## EXERCICE 3.2

Écrire un programme qui demande à l'utilisateur d'entrer un nombre entier et vérifie si ce nombre est pair et compris entre 10 et 100 (inclusivement). Le programme doit afficher un message approprié selon le résultat.

## Solution

L'utilisateur saisit le nombre. Le programme vérifie si le nombre est pair en utilisant l'opérateur modulo avec la condition % 2 == 0 et s'il est compris entre 10 et 100 ( >= 10 et <= 100). Si les deux conditions sont satisfaites, le programme affiche le message **Le nombre est pair et compris entre 10 et 100.**. Sinon, il affiche le message **Le nombre n'est pas pair et/ou n'est pas compris entre 10 et 100.**.

```python
# Demander à l'utilisateur d'entrer un nombre entier
nombre = int(input("Entrez un nombre entier : "))

# Vérifier si le nombre est pair et compris entre 10 et 100
if nombre % 2 == 0 and nombre >= 10 and nombre <= 100:
    print("Le nombre est pair et compris entre 10 et 100.")
else:
    print("Le nombre n'est pas pair et/ou n'est pas compris entre 10
        et 100.")
```

## EXERCICE 3.3

Une épicerie vend des produits sous différents formats de poids. Développer le code qui demande à l'utilisateur le nom, le poids et le prix du produit. On suppose que pour l'exemple, on n'a que deux formats.

Afficher à la fin le format qui est meilleur marché.

## Solution

On demande à l'utilisateur d'entrer le nom, le poids et le prix pour chaque format du produit. Ensuite, on calcule le prix par unité de poids pour chaque format en divisant le prix par le poids.

Enfin, on compare les deux prix par unité de poids pour déterminer le format le moins cher et afficher le résultat.

Ici, on ne gère que deux formats de poids, mais on peut facilement modifier le code pour gérer un nombre quelconque de formats en utilisant une boucle.

```python
# Demander à l'utilisateur le nom du produit, le poids et le prix pour
↪   chaque format
nom_produit = input("Entrez le nom du produit : ")
poids1 = float(input("Entrez le poids du premier format : "))
prix1 = float(input("Entrez le prix du premier format : "))
poids2 = float(input("Entrez le poids du deuxième format : "))
prix2 = float(input("Entrez le prix du deuxième format : "))

# Calcul du prix par unité de poids pour chaque format
prix_unite1 = prix1 / poids1
prix_unite2 = prix2 / poids2

# Comparaison des deux prix par unité de poids pour déterminer le
↪   format le moins cher
if prix_unite1 < prix_unite2:
    format_choisi = "Format 1"
    prix_format = prix_unite1
else:
    format_choisi = "Format 2"
    prix_format = prix_unite2

# Affichage du format choisi
print("Le format le moins cher pour {} est {} à un prix de {}  par
↪   unité de poids.".format(nom_produit,format_choisi,prix_format))
```

## EXERCICE 3.4

Écrire le code qui effectue le taux de change de dollars américains en dollars canadiens
ou vice-versa. Demander à l'utilisateur de saisir 0 pour convertir des dollars américains
en dollars canadiens et 1 pour convertir de les dollars canadiens en dollars américains.
Ensuite, l'utilisateur devra saisir le montant en dollars américains ou dollars canadiens
pour la conversion selon le choix désiré.

On prendra comme taux de change actuel 1.21, ce qui nous donne 1.21 dollar canadien
pour un dollar américain.

## Solution

Dans cette solution, on utilise un test à plusieurs voies étant donné que l'utilisateur
peut saisir un choix invalide autre que les valeurs **0** ou **1**.

On remarque aussi que les valeurs saisies sont converties selon le besoin.

```python
TAUX_CHANGE = 1.21
# Demander à l'utilisateur de saisir 0 pour convertir des dollars
↪   américains
# en dollars canadiens et 1 pour convertir des dollars canadiens en
↪   dollars américains
choix = int(input("Entrez 0 pour convertir des dollars américains en
↪   dollars canadiens \n ou 1 pour convertir des dollars canadiens en
↪   dollars américains: "))

# Demander à l'utilisateur de saisir le montant à convertir
montant = float(input("Entrez le montant à convertir: "))

if choix == 0:
    # Conversion de dollars américains en dollars canadiens
    taux = TAUX_CHANGE   # taux de change actuel USD/CAD
    montant_converti = montant * taux
    print("${0:,.2f} USD est égal à ${1:,.2f} CAD".format(montant,
    ↪   montant_converti))
elif choix == 1:
    # Conversion de dollars canadiens en dollars américains
    taux = 1/TAUX_CHANGE   # taux de change actuel CAD/USD
    montant_converti = montant * taux
    print("${:,.2f} CAD est égal à ${:,.2f} USD".format(montant,
    ↪   montant_converti))
else:
    print("Choix invalide. Veuillez entrer 0 ou 1 pour choisir la
    ↪   conversion désirée.")
```

## EXERCICE 3.5

Dans certains pays dont le Canada, certains mesurent les distances en pieds alors qu'officiellement les mesures devraient être en mètres. Afin d'aider ces personnes, développer un programme qui permet de faire la conversion de mètres vers pieds sachant qu'un pied équivaut à 30.48 cm environ.

Modifier votre code pour faire la conversion inverse. Ajouter un prompt au début afin de demander le type de conversion désirée.

## Solution

On effectue ici la conversion selon l'échelle choisie. De ce fait, on aurait pu choisir un test à deux voies mais comme l'utilisateur peut choisir des valeurs non prises en compte, on a donc opté pour un test à plusieurs voies **if-elif-else**.

```
#conversion de mètres vers pieds, solution 1
distance = float(input('Saisir la distance en metres:'))
distance_convertie = distance /.3048
print('La distance en pieds est:{0:7.2f}'.format(distance_convertie))
```

Une solution plus élaborée qui offre un menu de choix de conversion est la suivante :

```
#conversion de mètres vers pieds et pied en metres
distance = float(input('Saisir la distance à convertir:'))
option = int(input('Saisir option 1 ou 2 \n1. Convertir metres en
↳   pieds\n2. Convertir pieds en metres\n'))
if option == 1:
    distance_convertie = distance /.3048
    print('La distance en pieds
    ↳   est:{0:7.2f}'.format(distance_convertie))
elif option == 2:
    distance_convertie = distance * .3048
    print('La distance en metres
    ↳   est:{0:7.2f}'.format(distance_convertie))
else:
    print('Option choisie est invalide')
```

### EXERCICE 3.6

Une chaîne de distribution alimentaire internationale propose ses produits en kilogramme pour la majorité de ses clients. Afin d'aider ses clients qui utilisent le système impérial, elle désire leur fournir la même information mais en livre (ou pound). Développer le programme qui permet de faire la conversion de kilogramme vers livre sachant qu'un kilogramme équivaut à 2.2 livres.

Modifier votre code pour faire la conversion inverse. Ajouter un prompt au début afin de demander le type de conversion désirée.

## Solution

On effectue ici la conversion selon l'échelle de poids choisie. De ce fait, on aurait pu choisir un test à deux voies mais comme l'utilisateur peut choisir des valeurs non prises en compte, on a donc opté pour un test à plusieurs voies.

```
#conversion de kilogramme vers livre, solution 1
poids = float(input('Saisir le poids en kilo:'))
poids_converti = poids * 2.2
print('Le poids en livre est:{0:7.2f}'.format(poids_converti))
```

Une solution plus élaborée qui offre un menu de choix de conversion est la suivante :

```python
#conversion de kilogramme vers livre et livre vers kilogramme
poids = float(input('Saisir le poids à convertir:'))
option = int(input('Saisir option 1 ou 2 \n1. Convertir kilogramme en
    livre\n2. Convertir livre en kilogramme\n'))
if option == 1:
    poids_converti = poids * 2.2
    print('Le poids en livre est:{0:7.2f}'.format(poids_converti ))
elif option == 2:
    poids_converti = poids /2.2
    print('Le poids en kilo est:{0:7.2f}'.format(poids_converti))
else:
    print('Option choisie est invalide')
```

## EXERCICE 3.7

Développer un programme qui demande à l'utilisateur un nombre correspondant à un mois de l'année puis affiche le nom du mois associé avec le nombre saisi. Dans le cas où le nombre saisi ne correspond pas à un mois valide, on affichera un message d'erreur et on arrête le programme.

## Solution

Une solution basique, mais non pythonique, commence par la saisie d'un nombre correspondant à un mois de l'année. Si le nombre saisi correspond à un mois valide (entre 1 et 12), le programme affiche le nom du mois associé. Sinon, il affiche un message d'erreur.

On remarque que la fonction print() est utilisée à la fin et reçoit le message du mois à afficher ou le message d'erreur.

Une solution qui utilise une fonction et un dictionnaire est développée dans l'exercice 6.13.

```python
#Afficher le mois en toute lettre
#Il y'a d'autres solutions plus élégantes que celle-ci
option = int(input('Saisir le mois désiré 1-12:'))
if option == 1:
    mois = 'Janvier'
elif option ==2:
    mois = 'Fevrier'
elif option == 3:
    mois = 'Mars'
elif option == 4:
    mois = 'Avril'
elif option == 5:
    mois = 'Mai'
elif option == 6:
    mois = 'Juin'
elif option == 7:
    mois = 'Juillet'
elif option == 8:
    mois = 'Aout'
elif option == 9:
    mois = 'Septembre'
elif option == 10:
    mois = 'Octobre'
elif option == 11:
    mois = 'Novembre'
elif option == 12:
    mois = 'Decembre'
else:
    mois = 'invalide'
print('Le mois choisi est:{}'.format(mois))
```

## EXERCICE 3.8

Pour les besoins du calcul d'imposition, on classe les salariés en catégories de salaire.

Pour les plus de 100 000\$, le taux est 45%, ceux entre 70 000\$ et moins de 100 000\$ le taux est de 32%, pour ceux entre 40 000\$ et moins de 70 000\$ le taux est de 18% alors que ceux qui gagnent moins de 40 000\$ sont imposés à hauteur de 10%.

Développer le programme qui demande à l'utilisateur son salaire et lui affiche ensuite le montant qu'il doit payer.

## Solution

On reçoit le salaire d'un employé et on calcule l'impôt sur le revenu en fonction de sa catégorie de salaire. Si le salaire est négatif, un message d'erreur est affiché. Sinon, l'impôt sur le revenu est calculé et affiché à l'écran.

Comme la règle de calcul est complexe et prends en compte différents intervalles de salaire, on a opté ici pour un test à plusieurs voies.

### ☀Utiliser les f-strings ou Formatted string literals

*On peut utiliser une manière plus facile pour formatter une chaine de caractères. Pour cela, on utilise la notation phrase = f"Bienvenue, {nom :12s}" où nom est une valeur par exemple FLOUFLOU.*

```python
salaire = float(input('Saisir votre salaire:'))
if salaire < 0:
    print("Erreur: le salaire ne peut pas être négatif.")
else:
    if salaire >= 100000:
        taux_imposition = 0.45
    elif salaire >= 70000:
        taux_imposition = 0.32
    elif salaire >= 40000:
        taux_imposition = 0.18
    else:
        taux_imposition = 0.1

    impot = salaire * taux_imposition
    #Formatage avec f-strings
    print(f"Pour un salaire de {salaire:.2f}$, l'impôt sur le revenu
    ↪   est de {impot:.2f}$.")
```

**EXERCICE 3.9**

Développer le code qui calcule le montant de la rémunération d'un vendeur à commission. Celui-ci a un salaire de base de 5000$. L'utilisateur doit saisir le montant total des ventes, qui doit être positif, pour le mois. Si le montant total est négatif, on doit afficher un message d'erreur. Le taux de commission est défini par l'échelle suivante :

— moins de 1000$ : 2.5%
— 1001$ à 5000$ : 5%
— plus de 5 000$ : 7.5%

Afficher le montant du salaire formaté avec deux décimales et le symbole du dollar.

## Solution

En fonction du montant des ventes, le taux de commission est déterminé en utilisant une série de conditions if/elif/else. Le montant de la commission est ensuite calculé en multipliant le montant des ventes par le taux de commission. Le salaire total est calculé en ajoutant le montant de la commission au salaire de base de 5000$.

Enfin, le montant du salaire est affiché à l'utilisateur par l'intermédiaire de la méthode print() et en utilisant le formatage des chaînes de caractères afin d'afficher le montant avec des décimales et le symbole du dollar.

```python
ventes = float(input("Entrez le montant total des ventes pour le mois :
↪    "))

if ventes < 0:
    print("Erreur: le montant des ventes ne peut pas être négatif.")
else:
    if ventes < 1000:
        taux_commission = 0.025
    elif  ventes <= 5000:
        taux_commission = 0.05
    else:
        taux_commission = 0.075

    commission = ventes * taux_commission
    remuneration = commission + 5000   # 5000 $ est le salaire de base
    print("La rémunération du vendeur est de
↪    {0:.2f}$".format(remuneration))
```

## EXERCICE 3.10

Développer un programme qui prépare le relevé mensuel des clients pour la compagnie MasterPop International, une banque qui délivre des cartes de crédit à travers le pays.

### Données

Le programme a comme entrée le solde précédent du compte, le versement effectué par le client et le montant total des charges additionnelles (Achats) durant le mois. Le solde courant est le solde précédent moins le versement effectué par le client. Le programme devra calculer l'intérêt dû pour le mois, le nouveau solde total (solde courant plus les charges additionnelles plus l'intérêt) et le minimum à payer. La règle d'affaire utilisée par MasterPop International pour le calcul de l'intérêt est basée sur le solde courant. Ainsi, si le solde courant est 0 alors l'intérêt appliqué pour le mois courant est 0% mais si le solde courant était supérieur à 0 alors l'intérêt appliqué est de 5% sur le total actuel (solde courant plus charges additionnelles).

**Besoins**

Le programme devra calculer le minimum à payer. La règle d'affaire pour le calcul du minimum à payer est basée sur le nouveau solde. Ainsi, si le nouveau solde est de moins de 50$ alors le minimum à payer sera le montant du nouveau solde. Si le nouveau solde est entre 50$ et 295$ alors le minimum à payer est de 50$. Si le nouveau solde dépasse 295$ alors le minimum à payer est de 25% du nouveau solde.

**Format d'affichage**

La sortie de votre programme devra avoir la forme suivante :

MasterPop International
Relevé mensuel des charges
Solde précédent : XXXX.XX $
Versement : XXXX.XX $
Solde courant : XXXX.XX $
Frais d'intérêt : XXXX.XX $
Achats : XXXX.XX $
Nouveau solde : XXXX.XX $
Minimum exigé : XXXX.XX $

## Solution

Le programme commence par définir les constantes pour le calcul du minimum à payer. Ensuite, il lit les entrées utilisateur : le solde précédent, le versement et le montant total des charges additionnelles (achats). À partir de ces données, il calcule le solde courant et l'intérêt dû selon les règles d'affaire spécifiées. Il calcule ensuite le nouveau solde et le minimum à payer en fonction du nouveau solde, encore une fois en respectant les règles d'affaire.

Finalement, le programme affiche le relevé mensuel des charges, incluant le solde précédent, le versement, le solde courant, les frais d'intérêt, les achats, le nouveau solde et le minimum à payer.

Noter qu'ici, on a utilisé une autre manière de formater les données en sortie.

```python
# Définition des constantes pour le calcul du minimum à payer
MINIMUM_1 = 50
MINIMUM_2 = 295
TAUX_MINIMUM_3 = 0.25

# Lecture des entrées utilisateur
solde_precedent = float(input("Entrez le solde précédent du compte :
↪   "))
versement = float(input("Entrez le versement effectué par le client :
↪   "))
achats = float(input("Entrez le montant total des charges
↪   additionnelles (achats) : "))

# Calcul du solde courant et de l'intérêt dû
solde_courant = solde_precedent - versement
if solde_courant <= 0:
    frais_interet = 0
else:
    frais_interet = (solde_courant + achats) * 0.05

# Calcul du nouveau solde et du minimum à payer
nouveau_solde = solde_courant + achats + frais_interet
if nouveau_solde < MINIMUM_1:
    minimum_a_payer = nouveau_solde
elif nouveau_solde < MINIMUM_2:
    minimum_a_payer = MINIMUM_1
else:
    minimum_a_payer = nouveau_solde * TAUX_MINIMUM_3

# Affichage du relevé mensuel des charges
print("MasterPop International")
print("Relevé mensuel des charges")
print("Solde précédent :", format(solde_precedent, ".2f"), "$")
print("Versement :", format(versement, ".2f"), "$")
print("Solde courant :", format(solde_courant, ".2f"), "$")
print("Frais d'intérêt :", format(frais_interet, ".2f"), "$")
print("Achats :", format(achats, ".2f"), "$")
print("Nouveau solde :", format(nouveau_solde, ".2f"), "$")
print("Minimum à payer :", format(minimum_a_payer, ".2f"), "$")
```

## EXERCICE 3.11

Développer un programme qui demande à l'utilisateur deux nombres, les stocke dans deux variables préalablement définies puis affiche : la somme, le produit et la différence des deux nombres.

on fournira à l'utilisateur un menu simple similaire au suivant :

— Addition
— Soustraction
— Multiplication
— Quitter

On utilisera une structure de test appropriée.

— Si l'utilisateur choisit l'option 1, 2 ou 3 on demande la saisie des 2 nombres et on effectue l'opération. Finalement, on affiche le résultat et le message de sortie.
— Si l'utilisateur choisit l'option 4, on affiche le message **Merci d'avoir utilisé notre application** et on termine l'application.
— Si l'utilisateur saisit une valeur invalide, on affiche le message **Valeur invalide** et on quitte l'application.
  Il faut noter qu'on n'aura pas besoin d'utiliser une boucle pour afficher le menu. Une solution qui utilise une boucle sera vue dans l'exercice 4.4.

## Solution

Cette implémentation demande à l'utilisateur de faire un choix. Si celui-ci choisit l'option 1, 2 ou 3, le programme lui demande d'entrer deux nombres, effectue l'opération correspondante et affiche le résultat. Si l'utilisateur choisit l'option 4, le programme affiche un message de remerciement et se termine. Si l'utilisateur entre un choix invalide, un message d'erreur est affiché.

```python
print("MENU")
print('=' * 40)
print("1.Addition")
print("2.Soustraction")
print("3.Multiplication")
print("4.Quitter")
print('=' * 40)
option = int(input("Saisir une option de menu 1-4:"))

if option == 4:
    print("Merci d'avoir utilisé notre application")
```

```python
elif 1 <= option <= 3:
    a = int(input("Saisir le premier nombre:"))
    b = int(input("Saisir le deuxieme nombre:"))
    if option == 1:
        resultat = a + b
    elif option == 2:
        resultat = a - b
    else:
        resultat = a * b
    print("Resultat de l'opération:{}".format(resultat))
else:
    print("Option de menu non valide")
```

## EXERCICE 3.12

Développer le code qui permet de saisir la note de passage d'un conducteur à l'examen de conduite. On affectera à la variable **resultat** la chaîne **Réussi** si la note est supérieure ou égale à 60 et **Échec** si la note est inférieure à 60. On utilisera l'opérateur conditionnel.

## Solution

On affecte le résultat du test fait à travers l'opérateur conditionnel à la variable **resultat**.

```python
note = int(input('Saisir la note:'))
resultat = 'Réussi' if note >=60 else 'Échec'
print("Le résultat à l'examen est:{}".format(resultat))
```

# Chapitre 4

# Structures de boucle

Connaissances requises

○ Développer des structures de boucle while
○ Développer des structure de boucle for
○ Choisir entre les types de boucle selon le besoin

## EXERCICE 4.1

On se propose de réaliser un programme permettant à un usager de deviner un nombre entier compris entre 1 et 100. Ce nombre secret sera généré aléatoirement. On veillera à respecter les points suivants :

— On affichera un message à l'usager lui demandant de saisir un nombre
— On indiquera à l'usager si son nombre est plus grand ou plus petit que le nombre secret
— Si l'usager devine correctement le nombre secret, on lui affichera **Vous avez reussi à trouver le nombre** et on lui donne le nombre d'essais qu'il a fait.

## Solution

On commence par générer le nombre inconnu à deviner. Pour cela, on utilise la fonction **randint()** du module **random**. Celle-ci génère un nombre aléatoire compris entre le nombre donné comme premier paramètre et le deuxième passé comme deuxième paramètre.

On utilise ici une boucle **while** car on ne sait pas quand l'utilisateur va saisir la valeur exacte. Dans le corps de la boucle, on utilise un test à deux voies afin d'aider l'utilisateur à cibler la prochaine valeur à saisir.

```python
#Générer un nombre aléatoire
import random
inconnu = random.randint(1, 100)
print(inconnu)
# Trouver le nombre
essai = 1
nombre = int(input('Deviner le nombre:'))
while nombre != inconnu:
    if nombre > inconnu:
        print('votre nombre est plus grand!')
    else:
        print('votre nombre est plus petit!')
    essai += 1
    nombre = int(input('Deviner le nombre:'))
print('Vous avez reussi à trouver le nombre {} en {}
    fois'.format(inconnu, essai))
```

## EXERCICE 4.2

Demander à l'utilisateur un nombre entier. Développer un programme qui nous donne le total de nombres pairs (en commençant par 2) qui doivent être utilisés pour que leur somme soit égale ou supérieure à ce nombre. Afficher ces nombres.

Exemple : si la somme considérée est 8, on devra utiliser 2, 4, 6 donc 3 nombres. On ne peut pas utiliser 2 et 4 seulement car leur total est 6 et donc inférieur à 8.

## Solution

On utilise ici une boucle **while** car on ne sait pas d'avance le total de nombres pairs à utiliser.

On ajoute donc 2 à chaque fois jusqu'à atteindre le nombre saisi.

```python
# Déterminer le total de nombres pairs pour obtenir un nombre donné
a = int(input('Saisir a:'))
sum = 0
i = 1
while sum < a:
    print(2 * i)
    sum += 2 * i
    i += 1

print('On a besoin des {} premiers nombres pairs'.format(i - 1))
```

## EXERCICE 4.3

Développer un programme qui permet de saisir un nombre indéterminé de nombres réels. La saisie devra s'arrêter lorsque l'utilisateur saisit le nombre 999. On affichera ensuite la somme et la moyenne des nombre saisis. Modifier le code pour afficher aussi le total des nombres qui sont positifs ainsi que le nombre de fois où le nombre zéro a été saisi.

## Solution

On utilise ici une boucle **while** car on ne sait pas d'avance quand l'utilisateur va saisir 999.

On présente 3 solutions différentes qui peuvent répondre aux exigences de l'exercice.

```
####### Solution 1 #######
# Boucle sur 999
nombre = float(input('1. Saisir une valeur. Saisir 999 pour
↪    arreter:'))
somme = 0
compteur = 0
while nombre != 999:
    somme += nombre
    compteur += 1
    nombre = float(input('1. Saisir une valeur. Saisir 999 pour
        ↪    arreter:'))

print('Somme est:{} et la moyenne est:{}'.format(somme, somme /
↪    compteur))
```

Une modification du code pour afficher correctement la moyenne nous donne :

```
####### Solution 2 avec arrondi sur 2 décimales #######
# Boucle sur 999
nombre = float(input('1. Saisir une valeur. Saisir 999 pour
↪    arreter:'))
somme = 0
compteur = 0
while nombre != 999:
    somme += nombre
    compteur += 1
    nombre = float(input('1. Saisir une valeur. Saisir 999 pour
        ↪    arreter:'))
print('Somme est:{} et la moyenne est:{}'.format(round(somme, 2),
↪    round(somme / compteur, 2)))
```

Une solution plus complète qui donne le nombre total de nombres positifs et le nombre de répétitions du chiffre zéro est la suivante :

```python
"""Solution 3 avec total de nombres positifs
et nombre de repétition du chiffre zéro
"""
# Boucle sur 999
nombre = float(input('1. Saisir une valeur. Saisir 999 pour
↳   arreter:'))
somme = 0
compteur = 0
somme_positifs = 0
nb_zeros = 0
while nombre != 999:
    somme += nombre
    compteur += 1
    if nombre == 0:
        nb_zeros += 1
    elif nombre > 0:
        somme_positifs += nombre

    nombre = float(input('1. Saisir une valeur. Saisir 999 pour
↳       arreter:'))

print('Somme est:{} et la moyenne est:{}'.format(round(somme, 2),
↳   round(somme / compteur, 2)))
print('Somme de nombres positifs:{}'.format(somme_positifs))
print('Nombre occurences de zéro:{}'.format(nb_zeros))
```

## EXERCICE 4.4

Développer un programme qui demande à l'utilisateur 2 nombres, les stocke dans 2 variables préalablement définies puis affiche : la somme, le produit et la différence des 2 nombres.

- — Addition
- — Soustraction
- — Multiplication
- — Quitter


- — Si l'utilisateur ne saisit pas une option du menu, on affiche de nouveau le menu
- — Si l'utilisateur choisit l'option 1, 2 ou 3 on demande la saisie des 2 nombres et on effectue l'opération. Finalement, on affiche le résultat.
- — Si l'utilisateur choisit l'option 4, on affiche le message **Merci d'avoir utilisé notre application** et on termine l'application.

## Solution

On utilise ici une boucle **while** car on ne sait pas d'avance le choix à faire par l'utilisateur. Dans ce cas, on intègre une variable sentinelle qui prend la valeur `False` si l'utilisateur choisit de quitter l'application.

Pour les autres choix, on fera un test à plusieurs voies afin de sélectionner la bonne opération à effectuer.

```python
flag = True
while flag:
    print("MENU")
    print('=' * 40)
    print("1.Addition")
    print("2.Soustraction")
    print("3.Multiplication")
    print("4.Quitter")
    print('=' * 40)
    option = int(input("Saisir une option de menu 1-4:"))
    if option ==4:
        print("Merci d'avoir utilisé notre application")
        flag = False
    elif 1<=option<=3 :
        a = int(input("Saisir le premier nombre:"))
        b = int(input("Saisir le deuxieme nombre:"))
        if option ==1:
            resultat = a+b
        elif option ==2:
            resultat = a-b
        else:
            resultat = a * b
        print("Resultat de l'opération:{}".format(resultat))
    else:
        print("Option de menu non valide")
```

## EXERCICE 4.5

Soit l'itérable suivant [10,12,14,16,18,20]. En utilisant une boucle **for**, faire en sorte que la séquence de nombres affichée en sortie soit 13 15 17 19 21 23.

Modifier votre code afin d'obtenir le même résultat mais en utilisant cette fois la fonction `range()` au lieu de la séquence.

## Solution

On a deux solutions intéressantes ici. Si l'on veut utiliser les listes Python, on peut directement itérer à travers la liste de valeurs et obtenir les valeurs en sortie modifiées.

Sinon, on peut utiliser la fonction `range()` en faisant attention à prendre un pas d'incrémentation de 2.

```python
#Solution avec la séquence
for tmp in [10,12,14,16,18,20]:
    print (tmp+3)

#Solution avec la fonction range
for tmp in range(10,22,2):
    print (tmp+3)
```

## EXERCICE 4.6

Développer un programme qui demande à l'utilisateur une phrase puis lui donne le nombre de caractères qui la composent. Par exemple, si l'utilisateur entre **Je veux aller sur Andromède**, le programme devra afficher **Nombre de caractères : 27**. On demandera à l'usager la phrase à manipuler.

Modifier le programme afin de donner le nombre de fois que la lettre 'a' se retrouve dans la phrase. Par exemple, dans le cas de l'exemple de la phrase précédente, on affichera **La lettre –a- est utilisée 1 fois**. Noter que l'on ne prend en compte que les minuscules.

Modifier votre programme afin de prendre en compte les majuscules et minuscule. Par exemple, dans le cas précédent, On affichera **La lettre –a ou A- est utilisée 2 fois**.

Pour détecter que la lettre est soit 'a' ou 'A', on a utilisé l'opérateur `in`.

## Solution

On utilise ici une boucle **for** car on sait d'avance le nombre total de lettres contenues dans la chaîne de caractères.

```python
phrase = input('Saisir une phrase:')
longueur = len(phrase)
print('Le nombre de caractères est:{}'.format(longueur))
#nombre de répétition de la lettre a
compteur = 0
for tmp in phrase:
    if tmp =='a':
        compteur += 1
print('Le caractere {} se retrouve {} fois'.format('a', compteur))


#nombre de répétition de la lettre a ou A
compteur = 0
for tmp in phrase:
    if tmp in ['a','A']:
        compteur += 1
print('Le caractere {} ou {} se retrouve {} fois'.format('a', 'A',
    compteur))
```

## EXERCICE 4.7

Un étudiant à l'université paye 2500$ comme frais de scolarité pour la première année. Le registrariat lui a indiqué qu'en raison de l'inflation, celles-ci augmentera de 3.5% chaque année.

Développer le code qui lui permettra d'obtenir le montant total payé à la fin de ses études, sachant que celle-ci peuvent durer 4 ans.

## Solution

On utilise une boucle **for** pour calculer le montant total payé à la fin des études.

On commence par initialiser la variable **frais_premiere_annee** avec le montant des frais de scolarité de la première année (2500). Ensuite, on utilise une boucle **for** qui itère sur les années d'études de la deuxième année jusqu'à la dernière année (**range(2, annees_etudes + 1)**). Pour chaque année, on calcule les frais de scolarité de cette année en multipliant les frais de la première année par le taux d'inflation annuel élevé à la puissance(**annee - 1**). Cela représente l'augmentation progressive des frais au fil des années. On ajoute ensuite les frais de chaque année au montant total avec l'opérateur d'addition +=.

```python
frais_premiere_annee = 2500  # Frais de scolarité de la première année
TAUX_INFLATION = 0.035  # Taux d'inflation annuel
annees_etudes = 4  # Durée des études en années

montant_total = frais_premiere_annee  # Montant total initialisé avec
    les frais de la première année

for annee in range(2, annees_etudes + 1):  # Ne pas oublie que l'index
    de fin n'est pas pris en compte
    frais_annee = frais_premiere_annee * (1 + TAUX_INFLATION) **
       (annee - 1)
    montant_total += frais_annee

print("Le montant total payé à la fin des études est de
    :{:.2f}".format(montant_total))
```

## EXERCICE 4.8

Développer le code qui demande à l'utilisateur de saisir un entier. Celui-ci sera stocké dans une variable appelée **repetition**.

On affichera en sortie la figure ci-dessous. Le cas montré est pour une valeur de **repetition** égale à 4.

```
repetition =1
*#
repetition =2
*#*#
repetition =3
*#*#*#
repetition =4
*#*#*#*#
```

## Solution

Tout d'abord, il faut comprendre la nature de la figure à dessiner. On constate alors que la variation se trouve au niveau du symbole * alors que le symbole # est utilisé juste comme caractère de séparation.

```python
repetition = int(input("Entrez un entier : "))

figure = ""
for i in range(1, repetition + 1):
    print("repetition="+str(i))
    figure += "*" + "*" * (i - 1) + "#"
    print(figure)
```

## EXERCICE 4.9

Développer un programme qui permet de générer une suite arbitraire de nombres aléatoires entiers dont la valeur est entre 0 et 100. Au début, on demandera à l'utilisateur le nombre de valeurs souhaitées et on lui affichera en sortie les statistiques suivantes :

— Le nombre de valeurs impaires générées
— Les valeurs minimum et maximum générées
— L'étendue qui est définie par la différence entre la valeur maximum et minimum

## Solution

On utilise ici une boucle **for** pour générer les nombres aléatoires.

Les variables **nombre_impairs**, **minimum** et **maximum** sont mises à jour à chaque itération.

L'étendue est calculée en soustrayant la valeur minimum de la valeur maximum.

```python
import random

# Demander à l'utilisateur le nombre de valeurs
n = int(input("Saisir le nombre de valeurs: "))

# Initialiser les variables pour les statistiques
nombre_impairs = 0
minimum = 100
maximum = 0
```

```python
# Générer les nombres aléatoires et mettre à jour les statistiques
for tmp in range(n):
    valeur = random.randint(0, 100)
    if valeur % 2 != 0:
        nombre_impairs += 1
    if valeur < minimum:
        minimum = valeur
    if valeur > maximum:
        maximum = valeur


# Calculer l'étendue
etendue = maximum - minimum

# Afficher les statistiques
print("Nombre de valeurs impaires:".format(nombre_impairs))
print("Valeur minimum:".format(minimum))
print("Valeur maximum:".format(maximum))
print("Étendue:".format(etendue))
```

# Chapitre 5

# Fonctions

Connaissances requises

- ○ Comprendre le rôle d'une fonction
- ○ Déclarer des fonctions
- ○ Faire des appels de fonction
- ○ Utiliser des mots-clés dans la signature d'une fonction

## EXERCICE 5.1

Développer une fonction qui affiche un message et lit ensuite la valeur introduite par l'utilisateur. La valeur sera retournée à la méthode appelante. On affiche ensuite la chaîne qui a été saisie.

## Solution

```python
def saisir_valeur(message):
    '''
    Retourne une valeur saisie par l'usager

    :param message: Le message à afficher à l'usager
    :return: La valeur saisie par l'usager
    '''
    return input(message)

#Appel de la fonction
resultat = saisir_valeur("Saisir une valeur:")
print(resultat)
```

## EXERCICE 5.2

Développer une fonction qui permet de convertir un nombre de secondes en l'équivalent d'heures, minutes et secondes.

Effectuer un appel vers cette fonction et afficher le résultat selon le format :

`Heures: 2, Minutes: 32, Secondes: 11.`

## Solution

On utilise ici les opérateurs de division entière et modulo afin d'obtenir le nombres d'heures, de minutes et secondes qui correspondent à la valeur en secondes passée en paramètre à la fonction.

```python
def convertir_secondes(secondes):
    '''
    Calcul le nombre d'heures, minutes et secondes

    :param secondes: Le nombre de secondes à convertir
    :return: Le tuple comprenant les nombres d'heures, minutes
    et secondes
    '''
    nb_heures = secondes // 3600
    nb_minutes = (secondes % 3600) // 60
    nb_secondes = ((secondes % 3600) % 60)
    return nb_heures, nb_minutes, nb_secondes

#Appel de la fonction
resultat = convertir_secondes(89568578)
print('Heures: {0}, Minutes: {1}, Secondes:{2}'.format(
    resultat[0], resultat[1], resultat[2]))
```

## EXERCICE 5.3

Développer une fonction qui retourne le change à rendre aux clients lors de leurs achats. Les caissiers ou caissières vont entrer le total à payer et le montant remis par le client (cash). Effectuer un appel vers cette fonction et afficher ce qu'il faut remettre aux clients.

On fera les hypothèses suivantes :

- Le montant total à payer est toujours un entier
- Le montant remis par le client est toujours supérieur ou égal au montant total à payer
- Les billets disponibles sont 1\$, 5\$, 10\$ et 20\$ seulement

## Solution

On utilise ici les opérateurs de division entière et modulo afin d'obtenir les coupures qui correspondent au change à remettre.

```python
def calcul_change(montant_total, montant_remis):
    '''
    Calcul du change à remettre en coupure de billets de banque

    :param montant_total: Le montant total à payer
    :param montant_remis: Le montant remis par le client
    :return: Un tuple des coupures à remettre en billets
    de 20$, 10$, 5$ et 1$
    '''
    change = montant_remis - montant_total
    cp_vingt = change // 20
    cp_dix = (change % 20) // 10
    cp_cinq = (change % 10) // 5
    cp_un = change - cp_vingt * 20 - cp_dix * 10 - cp_cinq * 5
    return cp_vingt, cp_dix, cp_cinq, cp_un
```

Le code d'appel de cette fonction est le suivant :

```python
# Appel de la fonction
remise = calcul_change(95, 98)
print('Vingt: {0}, Dix: {1}, Cinq:{2}, Un:{3}'.format(
    remise[0], remise[1], remise[2], remise[3]))
```

### EXERCICE 5.4

Développer une fonction qui calcule la factorielle d'une valeur introduite par l'utilisateur.

On devra d'abord vérifier que la valeur est strictement positive.

## Solution

Dans le **main**, on demande à l'utilisateur de saisir une valeur entière. Ensuite, on vérifie si la valeur est positive. Si la valeur est inférieure à zéro, on affiche un message d'erreur et on recommence la boucle.

Si la valeur est positive ou égale à 0, on appelle la fonction de calcul de la factorielle. On initialise une variable **factorielle** à 1, puis on multiplie cette variable par tous les entiers de 1 à la valeur saisie par l'utilisateur. À la fin de la boucle, **factorielle** contiendra le résultat de la factorielle de la valeur donnée.

Si l'on veut que la fonction garantit que la valeur saisie est strictement positive avant de calculer la factorielle, on pourra introduire le test de valeur avant le calcul de la factorielle. Cela évitera les erreurs mathématiques et assure que le calcul se fait correctement.

```python
def calculer_factorielle(nombre):
    factorielle = 1
    for i in range(1, nombre + 1):
        factorielle *= i

    return  factorielle

# Appel de la fonction principale
if __name__ == '__main__':
    # Demande à l'utilisateur de saisir une valeur
    valeur = int(input("Entrez une valeur positive : "))

    # Vérifie si la valeur est strictement positive
    while valeur < 0:
        print("Erreur : La valeur doit être strictement positive.")
        valeur = int(input("Entrez une valeur positive : "))

    resultat = calculer_factorielle(valeur)
    print('La factorielle de {} est: {}'.format(valeur, resultat))
```

## EXERCICE 5.5

Reprendre l'exercice 5.4 mais en utilisant une récursion. Dans ce cas, on introduira dans la fonction un appel vers elle même.

## Solution

Dans le **main**, on demande à l'utilisateur de saisir une valeur entière. Ensuite, on vérifie si la valeur est positive. Si la valeur est inférieure à zéro, on affiche un message d'erreur et on recommence la boucle.

Si la valeur est positive, on appelle la fonction de calcul de la factorielle.

Nous avons deux cas de base :

Si le nombre est égal à zéro, cela signifie que l'on a atteint la fin de la récursion, et on retourne simplement 1.

Sinon, on fait appel de manière récursive à la fonction **calculer_factorielle()** avec **nombre-1** et on multiplie le résultat par **nombre**.

La récursion se poursuit jusqu'à atteindre le cas de base (0), puis les appels récursifs remontent en multipliant les valeurs pour calculer la factorielle complète de la valeur saisie.

```python
def calculer_factorielle(nombre):
    # Cas de base : factorielle de 0 est 1
    if nombre == 0:
        return 1

    # Récursion : calcul de la factorielle en appelant la fonction
    ↪    avec n-1
    return nombre * calculer_factorielle(nombre - 1)

# Appel de la fonction principale
if __name__ == '__main__':
    # Demande à l'utilisateur de saisir une valeur
    valeur = int(input("Entrez une valeur positive : "))

    # Vérifie si la valeur est strictement positive
    while valeur < 0:
        print("Erreur : La valeur doit être strictement positive.")
        valeur = int(input("Entrez une valeur positive : "))

    resultat = calculer_factorielle(valeur)
    print('La factorielle de {} est: {}'.format(valeur, resultat))
```

## EXERCICE 5.6

Développer un programme qui calcule soit le carré, le cube ou la factorielle d'une valeur introduite par l'utilisateur.

On devra lui demander son choix et vérifier si la valeur est strictement positive.

On utilisera des fonctions pour aérer notre programme.

## Solution

On a défini trois fonctions distinctes : **calculer_carre()**, **calculer_cube()** ainsi que **calculer_factorielle()**. Celles-ci renvoient le carré, le cube et la factorielle d'une valeur donnée, respectivement.

La fonction **choix_operation()** demande à l'utilisateur de saisir une valeur et de choisir l'opération à effectuer (carré, cube, factorielle). En fonction du choix de l'utilisateur, on appelle la fonction appropriée et retourne le résultat.

Le programme principal est lancé en appelant la fonction **choix_operation()**.

Ce programme utilise des fonctions pour diviser la logique en petites parties réutilisables, ce qui rend le code plus clair et plus modulaire.

```python
def calculer_carre(valeur):
    return valeur ** 2

def calculer_cube(valeur):
    return valeur ** 3

def calculer_factorielle(valeur):
    if valeur == 0:
        return 1

    factorielle = 1
    for i in range(1, valeur + 1):
        factorielle *= i

    return factorielle

def choix_operation():
    valeur = int(input("Entrez une valeur : "))
    choix = 0
    while not 1 <= choix <= 3:
        choix = int(input("Choisissez l'opération à effectuer (1.carre,
         ↪  2.cube, 3.factorielle) : "))

    if choix == 1:
        resultat = calculer_carre(valeur)
    elif choix == 2:
        resultat = calculer_cube(valeur)
    elif choix == 3:
        while valeur < 0:
            print("Erreur : La valeur doit être strictement
             ↪  positive.")
            valeur = int(input("Entrez une valeur positive : "))
        resultat = calculer_factorielle(valeur)
    return resultat

# Appel de la fonction principale
if __name__ == '__main__':
    resultat = choix_operation()
    print("Le résultat de l'opération est:{}".format(resultat))
```

EXERCICE 5.7

Les tarifs d'affranchissement de lettres et autres articles par postes canada sont données
par la table 5.1.

| Poids | Tarif Canada | Tarif États-Unis |
|---|---|---|
| Jusqu'à 30 g | 1,07 \$ pour un timbre ou 0,92 \$/timbre dans un carnet | 2.71\$ |
| Plus de 30 g jusqu'à 50 g | 1,30 \$ | 3,88\$ |

TABLE 5.1 – Affranchissement format lettre, cartes postes et cartes standard.

Développer la fonction qui permet de calculer le tarif d'affranchissement sachant la
destination et le poids de la lettre. Si le poids est en dehors de l'intervalle, on affiche
un message approprié. Par contre, si le pays de destination n'est pas fourni, on prendra
par défaut le canada. Pour simplifier, on considère que les timbres ne se vendent qu'à
l'unité et que les carnets ne sont pas disponibles.

Tester votre code avec une lettre dont le poids est 47 grammes et qui à envoyer au
États-Unis. Refaire le même test mais pour une lettre dont le poids est 18 grammes et
la destination n'est pas indiquée.

## Solution

La première fonction porte sur le calcul de l'affranchissement, soit :

```python
def calculer_affranchissement(poids: float, destination: str) ->
    float:
    '''
    Determination du montant à payer pour l'affranchissement d'une
    lettre

    :param poids: Poids de la lettre
    :param destination: Destination de la lettre
    :return: le montant de l'affranchissement
    '''
```

```python
    if destination == 'usa':
        if poids <= 30:
            montant = 2.71
        elif poids <= 50:
            montant = 3.88
    else:
        if poids <= 30:
            montant = 1.07
        elif poids <= 50:
            montant = 1.3
    return montant
```

La deuxième fonction porte sur l'affichage des résultats, soit :

```python
def afficher_montant(montant):
    '''

    Affichage du montant de l'affranchissement

    :param montant: Montant à afficher
    :return: None
    '''
    print('Le montant est:{0:5.2f}'.format(montant))
```

Le code d'appel pour utiliser ces fonctions est le suivant :

```python
def main():
    # verifier le poids
    poids = 0
    while poids > 50 or poids <= 0:
        poids = float(input('Saisir le poids entre 0 et 50 grs:'))

    destination = input('Saisir la destination:')
    montant = calculer_affranchissement(poids, destination)
    afficher_montant(montant)

if __name__ == '__main__':
    main()
```

Une autre solution est la suivante :

```python
def calculer_affranchissement(poids: float, destination: str) ->
↪    float:
    '''

    Determination du montant à payer pour l'affranchissement d'une
↪    lettre

    :param poids: Poids de la lettre
    :param destination: Destination de la lettre
    :return: le montant de l'affranchissement
    '''
    if destination == 'usa':
        if poids <= 30:
            montant = 2.71
        elif poids <= 50:
            montant = 3.88
    else:
        if poids <= 30:
            montant = 1.07
        elif poids <= 50:
            montant = 1.3
    return montant
```

La fonction d'affichage sera :

```python
def afficher_montant(montant):
    '''

    Affichage du montant de l'affranchissement

    :param montant: Montant à afficher
    :return: None
    '''
    print('Le montant est:{0:5.2f}'.format(montant))
```

Le code d'appel est finalement le suivant :

```python
def main():
    # verifier le poids
    poids = 0
    poids = float(input('Saisir le poids entre 0 et 50 grs:'))
    if poids <= 0 or poids > 50:
        print("Le poids depasse les limites d'envoi")
    else:
        destination = input('Saisir la destination:')
        montant = calculer_affranchissement(poids, destination)
        afficher_montant(montant)
    print("Merci d'avoir utilisé la poste")


if __name__ == '__main__':
    main()
```

Une troisième solution est :

```python
def calculer_affranchissement(poids: float, destination: str) ->
↪   float:
    '''
    Determination du montant à payer pour l'affranchissement d'une
↪   lettre

    :param poids: Poids de la lettre
    :param destination: Destination de la lettre
    :return: le montant de l'affranchissement
    '''
    if poids <= 0 or poids > 50:
        montant = 999
    elif poids <= 30:
        # Valider la destination
        if destination == 'usa':
            montant = 2.71
        else:
            montant = 1.07
    else:  # poids entre 30 et 50
        if destination == 'usa':
            montant = 3.88
        else:
            montant = 1.30

    return montant
```

```python
def afficher_montant(montant):
    '''

    Affichage du montant de l'affranchissement

    :param montant: Montant à afficher
    :return: None
    '''
    if montant == 999:
        print('Envoi impossible')
    else:
        print('Le montant est:{0:5.2f}'.format(montant))
```

Le code d'appel sera alors :

```python
def main():
    poids = float(input('Saisir le poids entre 0 et 50 grs:'))
    destination = input('Saisir la destination:')
    montant = calculer_affranchissement(poids, destination)
    afficher_montant(montant)
    print("Merci d'avoir utilisé la poste")


if __name__ == '__main__':
    main()
```

## EXERCICE 5.8

Le département de livraison de l'entreprise ACME Inc a besoin de générer un code aléatoire pour tout produit à livrer. Ce code doit comprendre trois lettres suivies de 4 nombres. Développer une fonction qui doit générer ce code aléatoire. On fera appel à cette fonction pour obtenir ce code puis on affichera le résultat obtenu.

Les lettres seront générées de manière aléatoire mais la partie numérique commencera de 0000 et sera incrémentée à chaque génération. Si l'on atteint 9999, la partie numérique sera réinitialisée. Les lettres autorisées sont celles qui se trouvent dans la table ASCII entre 65 et 90, soient les lettres en majuscule seulement. On utilisera la fonction chr pour générer les lettres. De plus. on n'aura pas à vérifier si le code obtenu a déjà été généré auparavant.

Comme exemple de code généré, on pourra avoir : APP0009, DZA1987, etc...

## Solution

On a déclaré au début du code des constantes en relation avec les besoins du problème.

La génération des lettres se fait par l'intermédiaire de la fonction `chr()`. Celle-ci utilise un index généré par la fonction `randint()` dont les limites sont fixées par les constantes **ASCII_DEBUT** et **ASCII_FIN**.

Pour garder une trace du code numérique généré, on a déclaré la variable avec le mot clé global.

Le code est ensuite formulé avec un padding si nécessaire.

```python
from random import randint
TAILLE_LETTRE = 3
TAILLE_NBRE = 4
ASCII_DEBUT = 65
ASCII_FIN = 90
num =0
def code_generation():
    global num
    code = ''
    if num == 9999:
        num = 0
    num += 1
    #generer les lettres
    for i in range(0,TAILLE_LETTRE):
        #generer un nombre aleatoire pour avoir une lettre majuscule
        nbre = randint(ASCII_DEBUT,ASCII_FIN)
        code += chr(nbre)

    #Former le code en effectuant un padding si necessaire
    return code + str(num).zfill(TAILLE_NBRE)
```

Le code qui utilise cette fonction est :

```python
#Appel de la fonction
code1 = code_generation()
code2 = code_generation()

#Affichage du code
print('Le code est:{}'.format(code1))
print('Le code est:{}'.format(code2))
```

**EXERCICE 5.9**

On se propose de réaliser une application simple qui permet à un assuré de saisir sa demande de remboursement. Pour les besoins de l'exercice, on n'a utilisé que quelques champs pour illustration. Le champ le plus intéressant est celui de la saisie du montant prévu des travaux. De plus, il devra indiquer aussi sa contribution. Un exemple de saisie est :

```
Nom: Flouflou
Prenom:Alain
Courriel:alain.flouflou@site.com
Montant à payer pour les travaux:1250
Votre contribution:150
```

Une fois soumis, on devra faire le calcul du remboursement pour les travaux demandés. Celui-ci est basé sur la formule simple :

$$Remboursement = Montant * 0.85 - Contribution$$

La confirmation pour l'assuré lui affichera alors :

```
Voici les détails de la demande de remboursement des frais
Voici les montants qui vous concernent
Montant des travaux nécessaires:1250.0
Votre contribution déclarée:150.0
Remboursement auquel vous avez droit:912.5
```

Il faut noter que les noms, prénoms, courriel, contribution et montant ne sont pas codés en dur dans la confirmation et seront repris à partir des informations de l'assuré.

## Solution

On a introduit plusieurs fonctions dans cet exercice afin d'avoir un découpage modulaire.

```python
TAUX_REMBOURSEMENT = 0.85
def saisir_infos():
    nom = input('Nom:')
    prenom = input('Prénom:')
    courriel = input('Courriel:')
    montant_paye = float(input('Montant à payer pour les travaux:'))
    contribution = float(input('Votre contribution:'))
    return nom, prenom, courriel, montant_paye, contribution
```

```python
def calculer_remboursement(infos):
    return infos[3] * TAUX_REMBOURSEMENT - infos[4]

def afficher_resultat(infos, remboursement):
    print('Voici les détails de la demande de remboursement des
    ↪  frais')
    print('Voici les montants qui vous concernent')
    print('Montant des travaux nécessaires:{}'.format(infos[3]))
    print('Votre contribution déclarée:{}'.format(infos[4]))
    print('Remboursement auquel vous avez
    ↪  droit:{}'.format(remboursement))
```

Le code d'appel de cette fonction est le suivant :

```python
#Appel de fonctions
infos = saisir_infos()
remboursement = calculer_remboursement(infos)
afficher_resultat(infos, remboursement)
```

## EXERCICE 5.10

Dans un grand nombre de cas, on aura à générer un mot de passe aléatoire. Une fois ce mot de passe généré, on devra vérifier par exemple les règles suivantes :

— La longueur est d'au moins 12 digits
— Une lettre au moins doit être en majuscule
— Une lettre au moins doit être en minuscule
— Il doit y avoir au moins un nombre

Développer la fonction qui vérifie une chaîne représentant le mot de passe. La fonction doit retourner True si le mot de passe vérifie les conditions. Sinon, elle doit retourner False .

On fera appel à cette fonction pour vérifier un mot de passe puis on affichera le résultat obtenu.

## Solution

La fonction utilise des vérifications pour tester les différentes règles imposées.

On vérifie d'abord si la longueur du mot de passe est inférieure à 12 caractères. Si c'est le cas, on retourne immédiatement False.

Ensuite, on utilise la méthode isupper() pour vérifier si au moins une lettre majuscule est présente dans le mot de passe.

De même, on utilise la méthode `islower()` pour vérifier si au moins une lettre minuscule est présente.

Enfin, la méthode `isdigit()` est utilisée pour vérifier la présence d'au moins un nombre dans le mot de passe.

Si toutes les conditions sont satisfaites, la fonction retourne `True`. Sinon, elle retourne `False`.

Dans le `main`, on demande à l'utilisateur de saisir un mot de passe et ensuite on appelle la fonction **verifier_mot_de_passe()**. Le résultat est stocké dans la variable **est_valide** et ensuite est affiché à l'utilisateur.

```python
def verifier_mot_de_passe(mot_de_passe):
    # Vérification de la longueur
    if len(mot_de_passe) < 12:
        return False

    # Vérification de la présence d'une lettre majuscule
    if not any(char.isupper() for char in mot_de_passe):
        return False

    # Vérification de la présence d'une lettre minuscule
    if not any(char.islower() for char in mot_de_passe):
        return False

    # Vérification de la présence d'un nombre
    if not any(char.isdigit() for char in mot_de_passe):
        return False

    # Toutes les conditions sont satisfaites
    return True

# Demander à l'utilisateur de saisir un mot de passe
mot_de_passe = input("Entrez un mot de passe : ")

# Vérification du mot de passe en appelant la fonction
est_valide = verifier_mot_de_passe(mot_de_passe)

# Affichage du résultat
if est_valide:
    print("Le mot de passe est valide.")
else:
    print("Le mot de passe n'est pas valide.")
```

# Chapitre 6

# Séquences et Collections



- ○ Comprendre ce qu'est une collection d'éléments
- ○ Utiliser les collections de base `list`, `tuple`, `set` et `dict`
- ○ Choisir une collection pour un besoin précis

### EXERCICE 6.1

Écrire un programme qui permet à l'utilisateur de saisir 10 valeurs réelles dans une liste. Une fois la saisie terminée, on effectuera la moyenne des valeurs saisies et on affichera le résultat.

Important : avant d'afficher la moyenne, on affichera les valeurs stockées dans la liste.

On utilisera une fonction pour la saisie des valeurs et une fonction pour le calcul de la moyenne.

## Solution

On propose deux solutions. Dans la première solution, on effectue la saisie suivie de l'affichage des valeurs de la liste. Enfin, on utilise la fonction sum() pour calculer la somme et donc la moyenne.

```python
listing = []
for i in range(0, 10):
    listing.append(float(input('Saisir une valeur réelle:')))

# Afficher les valeurs
print('Éléments dans la liste:{}'.format(listing))

# Moyenne
moyenne = sum(listing) / len(listing)
print('La moyenne des valeurs est:{:7.2f}'.format(moyenne))
```

Dans la deuxième solution, Une approche avec utilisation de fonctions est proposée :

```python
def saisir_valeurs(nombre_valeurs, message):
    liste = []
    for i in range(0, nombre_valeurs):
        liste.append(float(input(message)))
    return liste

def calcul_moyenne(liste):
    return sum(liste) / len(liste)
```

```python
def main():
    # Afficher les valeurs
    listing = saisir_valeurs(10, 'Saisir une valeur réelle:')
    print('Éléments dans la liste:{}'.format(listing))

    # Moyenne
    moyenne = calcul_moyenne(listing)
    print('La moyenne des valeurs est:{:7.2f}'.format(moyenne))

if __name__ == '__main__':
    main()
```

## EXERCICE 6.2

On demande à l'utilisateur de saisir 2 séries de valeurs dans 2 listes différentes. La taille de chaque liste est 5.

Une fois ces 2 listes constituées, on va construire 2 autres listes. La première aura chacun de ses éléments comme étant la somme des éléments de chaque liste (pour chaque indice respectif) et la deuxième sera définie comme le produit des éléments de chaque liste (pour chaque indice respectif).

## Solution

On fera attention ici d'utiliser des fonctions de calcul qui prennent comme paramètres les listes contenant les éléments sur lesquels on effectue les opérations.

```python
# version 1

def saisir_valeurs(nombre_valeurs, message):
    liste = []
    for i in range(0, nombre_valeurs):
        liste.append(float(input(message)))
    return liste

def calculer_produit_liste(liste1, liste2):
    # Vérifier la longueur des 2 listes
    if len(liste1) != len(liste2) or liste1 == 0:
        print('Calcul impossible')
        return None
```

```python
    else:
        resultat = []
        for i in range(0, len(liste1)):
            resultat.append(liste1[i] * liste2[i])
        return resultat

def calculer_somme_liste(liste1, liste2):
    # Vérifier la longueur des 2 listes
    if len(liste1) != len(liste2) or liste1 == 0:
        print('Calcul impossible')
        return None
    else:
        resultat = []
        for i in range(0, len(liste1)):
            resultat.append(liste1[i] + liste2[i])
        return resultat
```

Le code d'appel de cette fonction est le suivant :

```python
def main():
    liste_1 = saisir_valeurs(5, 'Saisir une valeur réelle:')
    print('Éléments dans la liste:{}'.format(liste_1))
    liste_2 = saisir_valeurs(5, 'Saisir une valeur réelle:')
    print('Éléments dans la liste:{}'.format(liste_2))
    # Liste avec chaque élément la somme
    liste_somme = calculer_somme_liste(liste_1, liste_2)
    # Afficher le résultat
    print('Liste avec chaque élément la somme:{}'.format(liste_somme))
    # Liste avec chaque élément le produit
    liste_produit = calculer_produit_liste(liste_1, liste_2)
    # Afficher le résultat
    print('Liste avec chaque élément le
    ↪   produit:{}'.format(liste_produit))


if __name__ == '__main__':
    main()
```

## EXERCICE 6.3

On saisit un nombre quelconque de valeurs. Ceux-ci seront placés au fur et à mesure de
la saisie dans une liste. Une fois la saisie terminée, on doit indiquer si les éléments de la
liste sont tous consécutifs ou non.

Par exemple, si les valeurs, une fois saisies dans la liste sont :

```
[8 9 10 11 12 13 14]
```

alors on affiche que ses éléments sont tous consécutifs.

En revanche, si la liste est par exemple :

```
[7 9 13 16 17 18 19]
```

on affiche que ses éléments ne sont pas tous consécutifs.

## Solution

Deux nombres dans la liste seront consécutifs si l'élément à l'indice **i** est égale à l'élément à l'indice **i-1** augmenté de **1**.

```python
def saisir_valeurs(nombre_valeurs, message):
    liste = []
    for i in range(0, nombre_valeurs):
        liste.append(int(input(message)))
    return liste

def determiner_consecutif(liste):
    # Vérifier consecutif
    if len(liste) == 0:
        print('Calcul impossible')
        return None
    else:
        for i in range(1, len(liste)):
            if liste[i] != liste[i - 1] + 1:
                return False
    return True
```

Le code d'appel de cette fonction est le suivant :

```python
def main():
    liste_1 = saisir_valeurs(3, 'Saisir une valeur entiere:')
    print('Éléments dans la liste:{}'.format(liste_1))
    # Determine si consecutif
    flag = determiner_consecutif(liste_1)
    # Afficher le résultat
    print('Liste :{}'.format(flag))

if __name__ == '__main__':
    main()
```

## EXERCICE 6.4

Développer un programme qui permet à l'utilisateur d'entrer un numéro de mois. Afficher le nom de le mois associé au numéro saisi et le nombre de jours de ce mois.

Pour cet exercice, utilisez 28 pour février. Si l'utilisateur saisit une entrée invalide, afficher un message approprié.

## Solution

On commence par initialiser deux listes pour les noms de mois et le nombre de jours pour chaque mois. On teste ensuite si le numéro de mois saisi est entre 1 et 12.

Si la valeur est en dehors de l'intervalle, un message d'erreur est affiché. Sinon, on retrouve le nom du mois ainsi que le nombre de jours en utilisant le numéro saisi.

```python
mois = [
    "Janvier", "Février", "Mars", "Avril",
    "Mai", "Juin", "Juillet", "Aout",
    "Septembre", "Octobre", "Novembre",
    "Decembre"
]
jours = [31, 28, 31, 30, 31, 30, 31, 31, 30, 31, 30, 31]

#Saisir le mois
num_mois = int(input("Saisir un numéro de mois (1-12): "))
```

```python
#Valider la valeur saisie
if not 1 <= num_mois <= 12:
    print("Numéro du mois invalide")
else:
    nom_mois = mois[num_mois-1]
    print("Name:", nom_mois)
    print("Days:", jours[num_mois - 1])
```

## EXERCICE 6.5

Soient les nombres de Fibonacci obtenus par l'équation :

$$U_n = \begin{cases} u_{n-1} + u_{n-2} & si \quad n > 2 \\ u_1 = 0 \\ u_2 = 1 \end{cases} \tag{6.1}$$

Développer la fonction qui permet de calculer les nombres pour une valeur **n**. Générer les nombres pour n=10.

### Solution

On utilise une liste **nbs_fib** pour stocker les nombres de la suite de Fibonacci. On commence par initialiser les deux premiers nombres (0 et 1) dans cette liste.

Ensuite, à l'aide d'une boucle **for**, on calcule les nombres de Fibonacci suivants en additionnant les deux nombres précédents et en les ajoutant à la liste **nbs_fib**. La boucle s'exécute **n-1** fois, car on a déjà les deux premiers nombres de Fibonacci.

Finalement, la fonction retourne la liste contenant tous les nombres de Fibonacci jusqu'au nombre souhaité.

```python
def fibonacci(n):
    nbs_fib = [0, 1]   # Initialisation des deux premiers nombres

    for i in range(2, n+1):
        nbs_fib.append(nbs_fib[i-1] + nbs_fib[i-2])   # Calcul du
        ↪ nombre de Fibonacci en additionnant les deux précédents
    return nbs_fib

if __name__ == '__main__':
    # Appel de la fonction avec n=10
    resultat = fibonacci(10)

    # Affichage des nombres de Fibonacci générés
    print(resultat)
```

## EXERCICE 6.6

On désire évaluer l'efficacité des joueurs d'une équipe. Pour cela, on a besoin des nombres de buts marqués par chacun des joueurs ainsi que des mentions d'aides. Pour les besoins de l'exercice, une mention d'aide est une passe décisive effectuée par le joueur et résulte en un but marqué par son équipe.

On devra donc saisir les nombres de buts et les mentions d'aide pour chacun des joueurs de cette équipe. On suppose que l'équipe a 12 joueurs et chaque joueur dispose d'un nom et d'un code.

Une fois ces valeurs saisies, on veut afficher la moyenne des buts marqués par les joueurs, la moyenne des passes (aides) faites par les joueurs, le nombre de joueurs dont le nombre de buts marqués est inférieur à la moyenne ainsi que le nombre de joueurs dont le nombre d'aides est supérieur ou égal à la moyenne.

Le directeur général utilise les résultats précédents lors du choix portant sur les joueurs à libérer. Pour cela, il utilise la formule suivante :

Efficacité joueur= (0.6 * buts marqués par le joueur /total des buts équipe) + (0.4 * aides par le joueur /total des aides équipe)

Ainsi, tout joueur dont l'efficacité est supérieure à 0.3000 sera gardé par l'équipe pour la prochaine saison.

Développer le programme qui va aider le directeur général à évaluer son équipe et de prendre sa décision sur les joueurs à garder.

## Solution

On utilise liste en compréhension afin de ne récupérer que les éléments de la liste qui répondent à certains critères. Une liste en compréhension permet de créer une nouvelle liste à partir d'une itération

L'équipe est déclarée comme une liste d'éléments de type dictionnaire. Cela nous permet de rassembler les données d'un joueur.

```python
equipe = []

def saisir_joueur():
    nom = input('Saisir le nom du joueur:')
    code = input('Saisir le code du joueur:')
    nb_buts = int(input('Saisir le nombre de buts:'))
    nb_aides = int(input("Saisir le nombre d'aides:"))
    equipe.append({'nom': nom, 'code': code, 'buts': nb_buts, 'aides':
    ↪   nb_aides})

def afficher_statistiques():
    # moyennes des buts
    buts = [x['buts'] for x in equipe]
    moyenne_but = sum(buts) / len(buts)
    print('La moyenne des buts est:{:7.2f}'.format(moyenne_but))
    # moyennes des aides
    aides = [x['aides'] for x in equipe]
    moyenne_aide = sum(aides) / len(aides)
    print('La moyenne des aides est:{:7.2f}'.format(moyenne_aide))
    # nombre de joueurs dont le nombre de buts marqués est inférieur à
    ↪   la moyenne
    but_inf_moy = len([x for x in equipe if x['buts'] < moyenne_but])
    print('Le nombre de joueurs ayant nombre de but inferieur à la
    ↪   moyenne:{}'.format(but_inf_moy))
    # nombre de joueurs dont le nombre d'aides est supérieur ou égal à
    ↪   la moyenne
    aide_sup_moy = len([x for x in equipe if x['aides'] >=
    ↪   moyenne_aide])
    print('Le nombre de joueurs ayant nombre aide supérieur ou égal à
    ↪   la moyenne:{}'.format(aide_sup_moy))
    return buts, aides
```

```python
def calculer_efficacite(buts, aides):
    for tmp in equipe:
        # Calculer efficacité
        tmp['efficacite'] = (0.6 * tmp['buts'] / sum(buts)) + (0.4 *
        ↪  tmp['aides'] /


def selectionner_joueur(seuil):
    for tmp in equipe:
        if tmp['efficacite'] > seuil:
            print('Le joueur {} avec le code {} sera gardé
            ↪  !'.format(tmp['nom'], tmp['code']))
```

Le code d'appel de cette fonction est le suivant :

```python
def main():
    nb_joueurs = int(input('Saisir le nombre de joueurs:'))
    i = 0
    while i < nb_joueurs:
        saisir_joueur()
        i += 1
    # Statistiques
    buts, aides = afficher_statistiques()
    seuil = float(input('Saisir le seuil pour garder le joueur:'))
    calculer_efficacite(buts, aides)
    selectionner_joueur(seuil)


if __name__ == '__main__':
    main()
```

## EXERCICE 6.7

Le loto est un jeu de hasard très populaire dans un grand nombre de pays. Par exemple, au canada, avec le loto 649, six numéros sont tirés à partir d'un ensemble de 49 numéros. Si un billet contient les six numéros gagnants, un gros lot est gagné.

Développer le code nécessaire afin de générer une sélection aléatoire de 6 nombres de 1 à 49 en faisant en sorte qu'il n'y ait aucun doublon dans les 6 nombres. On pourra utiliser le module **random** et un set pour résoudre cet exercice.

Afficher les nombres sélectionnés.

## Solution

Étant donné que l'on cherche des nombres aléatoires, on utilise la fonction **randrange()** du module **random**.

```python
import random

def generer_loto(longueur, nombre):
    loto = set()
    while len(loto) <= longueur:
        loto.add(random.randrange(nombre))
    return loto
```

Le code d'appel de cette fonction est le suivant :

```python
def main():
    longueur = int(input('Saisir le nombre de numéros:'))
    nombre = int(input('Saisir un nombre entre 1 et 49:'))
    resultat = generer_loto(longueur, nombre)
    print('La séquence loto est:{} '.format(resultat))

if __name__ == '__main__':
    main()
```

## EXERCICE 6.8

Un palindrome est un mot ou une phrase qui peut se lire à l'endroit ou à l'envers. Par exemple, le mot **ABBA** est un palindrome.

Développer le code nécessaire pour déterminer si un mot est un palindrome.

### Solution

Une version de base en utilisant le slicing par decrémentation est donnée par le code suivant. On note ici l'utilisation de la comparaison de la chaîne avec sa version renversée (obtenue par décrémentation en partant de l'indice -1).

```python
# version 1 - utilisation de slicing sur str

def valider_mot_palindrome(mot):
    return mot == mot[::-1]

def main():
    mot = input('Saisir un mot:')
    resultat = valider_mot_palindrome(mot.strip().lower())
    print('Le mot {} palindrome '.format("est un " if resultat else
    ↪    "n'est pas un "))
```

```python
if __name__ == '__main__':
    main()
```

Une deuxième version qui utilise toute une phrase pour un palindrome sera basée sur la méthode `join()`. On fera la conversion en minuscule en prenant soin d'enlever les espaces pour la vérification.

```python
# version 2 - utilisation de slicing sur str
#Palindrome sur une phrase au lieu d'un mot

def valider_phrase_palindrome(phrase):
    #Tenir compte que des lettres et des chiffres en utilisant
    ↪    isalnum()
    phrase = ''.join([x for x in phrase.strip().lower() if
    ↪    x.isalnum()])
    print(phrase)
    return phrase == phrase[::-1]

def main():
    mot = input('Saisir une phrase:')
    resultat = valider_phrase_palindrome(mot.strip().lower())
    print('La phrase {} palindrome '.format("est un " if resultat else
    ↪    "n'est pas un "))

if __name__ == '__main__':
    main()
```

**EXERCICE 6.9**

Deux mots sont considérés comme anagrammes s'ils contiennent les mêmes lettres, possiblement dans des ordres différents. Par exemple, les deux mots **AMINÉ** et **ANIMÉ** sont des anagrammes.

Développer le code nécessaire pour déterminer si deux mots sont des anagrammes. On pourra utiliser la fonction `enumerate()` et des dictionnaires pour résoudre cet exercice.

## Solution

La fonction qui valide qu'un mot est un anagramme utilise deux dictionnaires. Ceux-ci contiendront les indices et les caractères de chaque mot, obtenus par l'intermédiaire de la fonction `enumerate()`.

```python
def valider_mot_anagrame(mot_1, mot_2):
    # verifier longueur
    if len(mot_1) != len(mot_2):
        return False

    # construire dict mot 1
    dict_1 = {}
    for i, c in enumerate(mot_1):
        dict_1[i] = c
    # construire dict mot 2
    dict_2 = {}
    for i, c in enumerate(mot_2):
        dict_2[i] = c
    # Verifier anagrame
    for k in dict_1.keys():
        for m, n in dict_2.items():
            if dict_1[k] == n:
                dict_2.pop(m)
                break
    # Verifier la longueur de dict_2: autre que 0 indique que ce n'est
    ↪   pas un anagrame
    return len(dict_2) == 0
```

Le code d'utilisation et de validation est le suivant :

```python
def main():
    mot_1 = input('Saisir le premier mot:')
    mot_2 = input('Saisir le deuxieme mot:')
    resultat = valider_mot_anagrame(mot_1.strip().lower(),
    ↪   mot_2.strip().lower())
    print('Les 2 mots {} anagrames '.format("sont des " if resultat
    ↪   else "ne sont pas des "))

if __name__ == '__main__':
    main()
```

## EXERCICE 6.10

Développer le code qui détermine si un code postal canadien est valide. Le code consiste en six caractères et doit contenir une lettre à la première, troisième et cinquième position.

Les positions deux, quatre et six sont des numéros. La première lettre ne doit pas faire partie de l'ensemble suivant : D, F, I, O, Q, U, W, Z.

## Solution

Dans cette solution, on utilise la technique des liste en compréhension afin d'identifier les digits dans le code postal.

```python
def saisir_code_postal(message):
    return input(message)

def valider_code_postal(code):
    # Vérifier longueur
    if len(code) != 6:
        return 'Code invalide'
    else:
        c = [x for x in code[0:len(code):2] if not x.isdigit()]
        d = [x for x in code[1:len(code):2] if x.isdigit()]
    return len(c) == 3 and len(d) == 3 and code[0].upper() not in ["D",
    ↪ "F", "I", "O", "Q", "U", "W", "Z"]

def main():
    code_postal = saisir_code_postal('Saisir un code postal
    ↪ canadien:')
    resultat = valider_code_postal(code_postal)
    print(resultat)

if __name__ == '__main__':
    main()
```

## EXERCICE 6.11

Dans un grand nombre de cas, on aura à générer un mot de passe aléatoire. Une fois ce mot de passe généré, on devra vérifier par exemple les règles suivantes :

— La longueur est d'au moins 12 digits
— Une lettre au moins doit être en majuscule
— Une lettre au moins doit être en minuscule
— Il doit y avoir au moins un nombre
— Au moins un des caractères suivants, soit *#, !, & et ?* doit être inclus.

Développer la fonction qui vérifie une chaîne représentant le mot de passe. La fonction doit retourner `True` si le mot de passe vérifie les conditions. Sinon, elle doit retourner `False` .

On fera appel à cette fonction pour vérifier un mot de passe puis on affichera le résultat obtenu.

$\boxed{\text{Solution}}$

La fonction utilise des vérifications conditionnelles pour tester les différentes règles imposées :

On vérifie d'abord si la longueur du mot de passe est inférieure à 12 caractères. Si c'est le cas, on retourne immédiatement False.

Ensuite, on utilise la méthode isupper() pour vérifier si au moins une lettre majuscule est présente dans le mot de passe.

De même, on utilise la méthode islower() pour vérifier si au moins une lettre minuscule est présente.

La méthode isdigit() est utilisée pour vérifier la présence d'au moins un nombre dans le mot de passe.

Enfin, on utilise une liste **caracteres_speciaux** pour vérifier si l'un des caractères spéciaux '#', '!', '&', '?' est inclus dans le mot de passe.

Si toutes les conditions sont satisfaites, la fonction retourne True. Sinon, elle retourne False.

Dans le main, on demande à l'utilisateur de saisir un mot de passe et ensuite on appelle la fonction **verifier_mot_de_passe()**. Le résultat est stocké dans la variable **est_valide** et ensuite est affiché à l'utilisateur.

```python
def verifier_mot_de_passe(mot_de_passe):
    # Vérification de la longueur
    if len(mot_de_passe) < 12:
        return False

    # Vérification de la présence d'une lettre majuscule
    if not any(char.isupper() for char in mot_de_passe):
        return False

    # Vérification de la présence d'une lettre minuscule
    if not any(char.islower() for char in mot_de_passe):
        return False

    # Vérification de la présence d'un nombre
    if not any(char.isdigit() for char in mot_de_passe):
        return False
```

```python
    # Vérification de la présence d'un caractère spécial
    caracteres_speciaux = ['#', '!', '&', '?']
    if not any(char in caracteres_speciaux for char in mot_de_passe):
        return False

    # Toutes les conditions sont satisfaites
    return True

# Demander à l'utilisateur de saisir un mot de passe
mot_de_passe = input("Entrez un mot de passe : ")

# Vérification du mot de passe en appelant la fonction
est_valide = verifier_mot_de_passe(mot_de_passe)

# Affichage du résultat
if est_valide:
    print("Le mot de passe est valide.")
else:
    print("Le mot de passe n'est pas valide.")
```

## EXERCICE 6.12

Créer un dictionnaire appelé **fruits** qui contient les fruits suivants et leurs quantités respectives : Pommes : 10, Bananes : 5, Oranges : 8, Fraises : 15

Demander à l'utilisateur d'entrer un nom de fruit.

— Vérifier si le fruit entré par l'utilisateur est présent dans le dictionnaire. Si oui, afficher le nom du fruit et sa quantité associée. Si non, afficher un message d'erreur.
— Demander à l'utilisateur d'entrer un nouveau fruit et sa quantité associée. Ajouter le nouveau fruit et sa quantité associée au dictionnaire **fruits**. On devra vérifier si le fruit n'existe pas dans le dictionnaire avant de l'ajouter.
— Afficher le dictionnaire mis à jour.
— Demander à l'utilisateur un nom de fruit et supprimer le fruit entré par l'utilisateur du dictionnaire **fruits**.
— Afficher le dictionnaire mis à jour.
— Demander à l'utilisateur d'entrer un nombre. Vérifier si le nombre entré par l'utilisateur est présent dans le dictionnaire comme quantité d'un fruit. Si oui, afficher le nom du fruit associé à cette quantité. Si non, afficher un message d'erreur.

## Solution

On utilise ici les techniques de base de manipulation d'un dictionnaire. On notera par exemple `del` qui permet de supprimer une paire du dictionnaire.

```python
# création du dictionnaire fruits
fruits = {"Pommes": 10,"Bananes": 5,
    "Oranges": 8,"Fraises": 15
}


# 1. Vérification si le fruit entré par l'utilisateur est présent dans
↪   le dictionnaire
fruit = input("Entrez le nom d'un fruit : ")
if fruit in fruits:
    print(f"Le fruit {fruit} a une quantité de {fruits[fruit]}")
else:
    print("Erreur : ce fruit n'est pas dans le dictionnaire")


# 2. Ajout d'un nouveau fruit et sa quantité associée
nouveau_fruit = input("Entrez le nom d'un nouveau fruit : ")
nouvelle_quantite = int(input(f"Entrez la quantité de {nouveau_fruit} :
↪   "))
#Verifier si le fruit est dans le dictionnaire
if nouveau_fruit in fruits:
    print(f"Le fruit {fruit} existe et a une quantité de
    ↪   {fruits[fruit]}")
else:
    fruits[nouveau_fruit] = nouvelle_quantite

# 3. Affichage du dictionnaire mis à jour
print("Dictionnaire mis à jour :", fruits)

# 4. Suppression d'un fruit entré par l'utilisateur
fruit_a_supprimer = input("Entrez le nom du fruit à supprimer : ")
if fruit_a_supprimer in fruits:
    del fruits[fruit_a_supprimer]
else:
    print("Erreur : ce fruit n'est pas dans le dictionnaire")

# 5. Affichage du dictionnaire mis à jour
print("Dictionnaire mis à jour :", fruits)
```

```python
# 6. Recherche d'un fruit correspondant à une quantité donnée
quantite = int(input("Entrez une quantité : "))
fruit_trouve = False
for fruit, quant in fruits.items():
    if quant == quantite:
        print(f"Le fruit associé à une quantité de {quantite} est
          ↪ {fruit}")
        fruit_trouve = True
        break
if not fruit_trouve:
    print("Erreur : aucune quantité correspondante trouvée dans le
      ↪ dictionnaire")
```

## EXERCICE 6.13

Développer un programme qui demande à l'utilisateur un nombre correspondant à un mois de l'année puis affiche le nom du mois associé avec le nombre saisi. Dans le cas où le nombre saisi ne correspond pas à un mois valide, on affichera un message d'erreur et on arrête le programme. On utilisera un dictionnaire pour représenter les mois de l'année.

### Solution

on commence par définir un dictionnaire **mois** qui associe chaque nombre de mois à son nom. Ensuite, on demande à l'utilisateur de saisir un nombre correspondant à un mois à l'aide de la fonction `input()` et on convertit cette entrée en entier avec la fonction `int()`.

On vérifie ensuite si le nombre saisi est présent dans le dictionnaire mois avec l'opérateur `in`.

Si c'est le cas, on affiche le nom du mois correspondant à l'aide de l'indexation du dictionnaire **mois**. Sinon, on affiche un message d'erreur.

```python
# Définir un dictionnaire associant chaque nombre de mois à son nom
mois = {1: "janvier", 2: "février",
3: "mars", 4: "avril",
5: "mai", 6: "juin",
        7: "juillet", 8: "août", 9: "septembre",
        10: "octobre", 11: "novembre", 12: "décembre"}

# Demander à l'utilisateur de saisir un nombre correspondant à un mois
numero = int(input("Entrez un nombre entre 1 et 12 : "))

# Vérifier si le nombre correspond à un mois valide
if numero in mois:
    # Afficher le nom du mois correspondant
    print("Le mois correspondant au nombre {} est {}".format(
    ↪   numero,mois[numero]))
else:
    # Afficher un message d'erreur
    print("Le nombre {} ne correspond à aucun mois
    ↪   valide.".format(numero))
```

## EXERCICE 6.14

Développer un programme qui permet de générer une suite arbitraire de nombres aléatoires entiers dont la valeur est entre 0 et 100. Au début, on demandera à l'utilisateur le nombre de valeurs souhaitées et on lui affichera en sortie les statistiques suivantes :

— Le nombre de valeurs impaires générées
— Les valeurs minimum et maximum générées
— L'étendue qui est définie par la différence entre la valeur maximum et minimum

On utilisera la technique des listes en compréhension pour résoudre cet exercice.

## Solution

Une liste en compréhension (comprehension list) permet de créer une nouvelle liste à partir d'une itération. Dans notre cas, il faut appliquer un filtre lors de la création d'une liste en compréhension afin de ne pas prendre un compte certains éléments de la liste selon la règle désirée, par exemple un filtre sur les valeurs impaires par exemple.

Dans la solution proposée, on importe le module `random` pour pouvoir générer des nombres aléatoires.

On demande à l'utilisateur d'entrer le nombre de valeurs souhaitées, et on le stocke dans la variable **n**.

On utilise une liste en compréhension pour générer la suite de nombres aléatoires qui sera utilisée pour la suite. On utilise la fonction `random.randint(0, 100)` pour générer un nombre aléatoire entre 0 et 100. Cette opération est répétée **n** fois, et les résultats sont stockés dans la liste **valeurs**.

On utilise une liste en compréhension pour filtrer les nombres impairs à partir de la liste **valeurs**, et on stocke le résultat dans la liste **impaires**. On compte ensuite le nombre d'éléments dans **impaires** pour obtenir le nombre de valeurs impaires.

On utilise les fonctions `min` et `max` pour trouver respectivement la valeur minimale et maximale dans la liste **valeurs**.

On calcule l'étendue en soustrayant la valeur minimale de la valeur maximale.

```python
import random

# Demander à l'utilisateur le nombre de valeurs souhaitées
n = int(input("Saisir le nombre de valeurs souhaitées: "))

# Générer la suite de nombres aléatoires
valeurs = [random.randint(0, 100) for _ in range(n)] #utiliser _ pour
    la variable temporaire

# Afficher la suite de nombres aléatoires
print("Suite de nombres aléatoires:".format(valeurs))

# Calculer le nombre de valeurs impaires
impaires = [v for v in valeurs if v % 2 != 0]
nombre_impaires = len(impaires)

# Afficher le nombre de valeurs impaires
print("Nombre de valeurs impaires :".format(nombre_impaires))

# Calculer la valeur minimum et maximum
min_valeur = min(valeurs)
max_valeur = max(valeurs)

# Afficher la valeur minimum et maximum
print("Valeur minimale:".format(min_valeur))
print("Valeur maximale:".format(max_valeur))
```

```python
# Calculer l'étendue
etendue = max_valeur - min_valeur

# Afficher l'étendue
print("Étendue:".format(etendue))
```


```python
# Calculer l'étendue
etendue = max_valeur - min_valeur

# Afficher l'étendue
print("Étendue:".format(etendue))
```

# Chapitre 7

# Classes et Objets

Connaissances requises

- ◯ Comprendre la notion de classe
- ◯ Identifier le rôle d'un objet
- ◯ Définir un constructeur-initialisateur
- ◯ Définir des méthodes
- ◯ Utiliser des objets

**EXERCICE 7.1**

Dans cet exercice, on développe un programme composé d'une classe avec un constructeur de base. On créera des objets pour la collaboration.

— Créer votre fichier Python en le nommant **etudiant.py**. Un étudiant a les attributs **nom (str)**, **prenom (str)**, **sexe (str)**, **adresse (str)** et **code_etudiant (str)** ainsi que **note_finale (float)**

— On veut maintenant utiliser cette classe pour créer un objet représentant un étudiant. Nous avons à notre disposition l'étudiant suivant :
Obj1 : Alain Flouflou, M, 14 rue des pins, 118907, 78

— Dans le même module, ajouter la fonction **main()** qui vous permettra d'instancier et ainsi créer un objet de type **Etudiant**. Noter que l'on aura besoin d'un constructeur avec paramètres pour la création de l'objet.

— On affichera ensuite une description (état) de l'étudiant au format suivant :
Étudiant : son nom, son prénom, son sexe, son adresse, son code, sa note finale.

Dans ce cas précis, on utilisera la méthode `__str__()` qui nous permettra d'afficher l'état de l'objet.

— Ajouter au niveau de la classe **Etudiant** une méthode **faire_devoir()**. Celle-ci ne prend aucun argument pour le moment. Le corps de cette méthode ne devrait contenir que l'instruction suivante :

```python
print('Je suis un étudiant assidu')
```

— Faites appel à cette méthode depuis l'objet en rapport avec **Flouflou**.

## Solution

La classe modèle est donnée par le code suivant :

```python
#classe Etudiant
class Etudiant:
    """initialisateur"""
    def __init__(self, nom, prenom, sexe, adresse, code_etudiant,
    ↪  note_finale):
        self.nom = nom
        self.prenom = prenom
        self.sexe = sexe
        self.adresse = adresse
        self.code_etudiant = code_etudiant
        self.note_finale = note_finale

    def __str__(self):
        return "Étudiant  nom:{:<10} prénom: {:<10} " \
                "sexe: {:<7} adresse: {:<20} code: {:<8} " \
                "note finale: {:<8}".format(self.nom, self.prenom,
                    ↪  self.sexe,self.adresse, self.code_etudiant,
                    ↪  self.note_finale)
    def faire_devoir(self):
        print("je suis un eleve assidu")
```

Le code qui permet de créer l'objet et d'utiliser ses membres est le suivant :

```python
def main():
    """instancier les objets"""
    obj1 = Etudiant(prenom="Alain", nom="Flouflou", sexe="M",
        ↪  adresse="14 rue des pins", code_etudiant="118907",
                    note_finale=78)
    print(obj1)
    # demander à faire devoir
    obj1.faire_devoir()

if __name__ == '__main__':
    main()
```

## EXERCICE 7.2

Développer une classe appelée **Action** qui contient :

— Un champ nommé **symbole** pour le symbole de l'action.
— Un champ nommé **titre** pour le nom de l'action.
— Un champ nommé **prix_cloture** qui stocke la valeur de l'action pour la journée d'avant.
— Un champ nommé **prix_courant** qui stocke la valeur de l'action courante.

— Un constructeur qui crée une action avec le nom et symbole spécifiés. On spécifiera aussi les prix de clôture et courant pour l'action.
— Une méthode **get_changement_pourcentage()** qui retourne le pourcentage de changement de **prix_cloture** à **prix_courant**.

1. Dessiner le diagramme de classes avec UML pour la classe **Action**.

2. Créer un objet de type **Action** nommé **obj_action**, avec le symbole **MSFT**, le nom de l'entreprise Microsoft. Le prix de l'action de la journée d'avant était de 123.24\$. Le prix courant de l'action est de 127.04\$. Afficher le pourcentage de changement.

## Solution

La classe modèle est donnée par la figure 7.1.

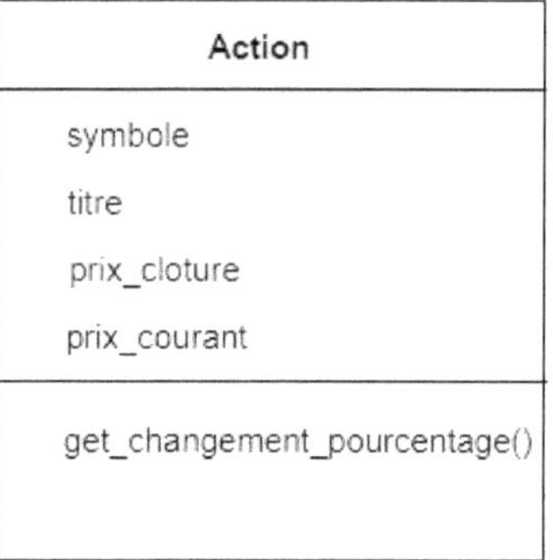


FIGURE 7.1 – Classe Action.

Le code correspondant est donc :

```python
# class Action et manipulation
class Action:
    """initialisateur"""
    def __init__(self, symbole, titre, prix_cloture, prix_courant):
        self.symbole = symbole
        self.titre = titre
        self.prix_cloture = prix_cloture
        self.prix_courant = prix_courant
```

```python
def __str__(self):
    return "Action  symbole:{:<5} titre: {:<20} " \
            "prix cloture: {:7.2f} prix courant: {:7.2f} " \
            .format(self.symbole, self.titre, self.prix_cloture,
            ↪   self.prix_courant)

def changement_pourcentage(self):
    return (self.prix_courant / self.prix_cloture - 1) * 100
```

Le code qui permet de créer l'objet et d'utiliser ses membres est le suivant :

```python
def main():
    """instancier objet"""
    obj1 = Action(titre="Microsoft", symbole="MSFT",
    ↪   prix_cloture=123.24, prix_courant=127.04)
    print(obj1)
    # afficher le pourcentage de changement
    pourcentage = obj1.changement_pourcentage()
    print('Pourcentage de changement est:{:7.3f}'.format(pourcentage))

if __name__ == '__main__':
    main()
```

## EXERCICE 7.3

Développer une classe **Ventilateur** qui représente un ventilateur. Cette classe contient :

— Un champ nommé **vitesse** qui spécifie la vitesse du ventilateur. Les vitesses possibles sont définies par les trois constantes nommées **FAIBLE**, **MOYENNE** et **HAUTE** avec les valeurs 1,2 et 3 pour dénoter la vitesse possible d'un ventilateur. (par défaut c'est **FAIBLE**).

— Un champ booléen nommé **enmarche** qui spécifie si le ventilateur est en marche (par défaut **False**).

— Un champ nommé **rayon** qui spécifie le rayon du ventilateur (par défaut 5).

— Un champ nommé **couleur** qui spécifie la couleur du ventilateur (par défaut bleu).

— Un constructeur avec arguments qui crée un ventilateur.

— La méthode __str__() qui retourne une description du ventilateur. Si celui-ci est en marche, la méthode retourne la vitesse, couleur et l'état dans une seule phrase. Si le ventilateur est à l'arrêt, la méthode retourne la couleur et la vitesse avec la mention **ventilateur à l'arrêt** dans la même phrase.

1. Dessiner le diagramme UML de cette classe **Ventilateur**.

2. À partir de la méthode **main()** créer 2 objets ventilateurs. Pour le premier ventilateur, on fixe la vitesse, couleur et rayon à vitesse maximum, jaune et 10, respectivement. Pour le deuxième ventilateur, on fixe la vitesse, couleur et rayon à vitesse moyenne, bleu et 5, respectivement. Le premier ventilateur sera mis en marche alors que le deuxième sera éteint. Afficher les états de chaque ventilateur en utilisant la méthode `__str__()`.

## Solution

La classe modèle est donnée par la figure 7.2.

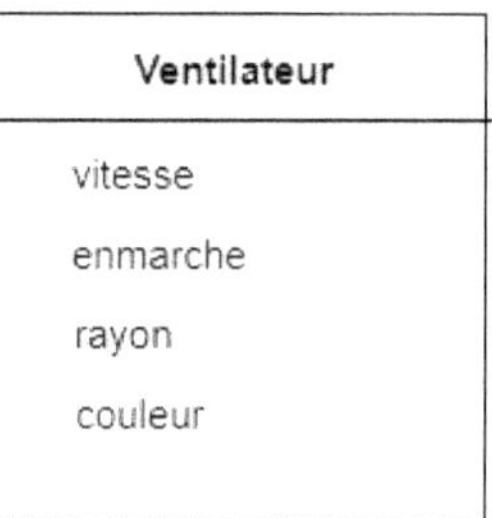


FIGURE 7.2 – Classe Ventilateur.

```python
# class Ventilateur
FAIBLE_VITESSE = 1
MOYENNE_VITESSE = 2
HAUTE_VITESSE = 3
class Ventilateur:
    """initialisateur"""
    def __init__(self, vitesse=FAIBLE_VITESSE, enmarche=False,
    ↪  rayon=5,
                couleur='bleu'):
        self.vitesse = vitesse
        self.enmarche = enmarche
        self.rayon = rayon
        self.couleur = couleur

    def __str__(self):
        statut = "en marche" if self.enmarche else "à l'arret"
        return "Vitesse:{:2d} rayon: {:2d} " \
            "statut: {:<10} couleur: {:<10s} " \
            .format(self.vitesse, self.rayon, statut, self.couleur)
```

Le code qui permet de créer l'objet et d'utiliser ses membres est le suivant :

```python
def main():
    #instancier objet
    obj1 = Ventilateur(vitesse= HAUTE_VITESSE, couleur='jaune',
    ↪   rayon=10,
                        enmarche=True)
    print(obj1)
    obj2 = Ventilateur(vitesse= MOYENNE_VITESSE)
    print(obj2)

if __name__ == '__main__':
    main()
```

## EXERCICE 7.4

Développez un programme qui permet de calculer le coût d'un voyage effectué par voiture.

Pour cela, vous allez développer une classe qui comprend la distance parcourue, le coût unitaire (par litre) de l'essence et le nombre de litres consommés.

Comme exemple, on prendra des voitures ayant une consommation de 7 litres tous les 100 km ou une consommation de 10 litres tous les 100 km.

## Solution

La classe modèle est donnée par le code suivant :

```python
# class Voiture
class Voiture:
    """initialisateur"""
    def __init__(self, titre, distance, consommation, cout_essence):
        self.titre = titre
        self.distance = distance
        self.consommation = consommation
        self.cout_essence = cout_essence

    def __str__(self):
        return "titre:{:<10s} distance: {:7.2f}, consommation:{:7.2f}," \
    ↪   " " \
                "cout essence: {:7.2f}  " \
            .format(self.titre, self.distance, self.consommation,
            ↪   self.cout_essence)
```

```python
    def calculer_cout_voyage(self):
        return self.distance * self.consommation * self.cout_essence /
        ↪   100.0
```

Le code qui permet de créer l'objet et d'utiliser ses membres est le suivant :

```python
if __name__ == '__main__':
    """instancier objet"""
    titre = input('Saisir le nom de la voiture:')
    distance = float(input('Saisir la distance:'))
    cout = float(input('Saisir le cout essence:'))
    consommation = float(input('Saisir la consommation de la
    ↪   voiture:'))

    obj1 = Voiture(titre=titre, distance=distance,
                   consommation=consommation, cout_essence=cout)
    print(obj1)
    # Calculer le cout du voyage
    cout_total = obj1.calculer_cout_voyage()
    print('Le cout total du voyage est:{}'.format(cout_total))
```

## EXERCICE 7.5

Développer une classe **Fruit** qui a les attributs **nom** et **quantité**. Afin de stocker ces fruits, développer une classe **RegistreFruits**. Celle-ci aura un seul attribut **diction-naire_fruits** de type dictionnaire.

1. Développer la méthode qui permet d'ajouter un fruit dans le dictionnaire. Vérifier si le fruit entré par l'utilisateur est présent dans le dictionnaire. Si oui, ajouter la nouvelle quantité à la quantité existante. Sinon, ajouter le nouveau fruit dans le dictionnaire.

2. Développer la méthode qui permet de supprimer un fruit du dictionnaire

3. Vérifier si le fruit entré par l'utilisateur est présent dans le dictionnaire. Si oui, afficher le nom du fruit et sa quantité associée. Si non, afficher un message d'erreur.

4. Demander à l'utilisateur un nom de fruit et supprimer le fruit entré par l'utilisateur du dictionnaire.Si le fruit n'existe pas afficher un message d'erreur.

5. Afficher le dictionnaire mis à jour.

## Solution

La classe de gestion du dictionnaire de fruits inclut les méthodes nécessaires pour l'ajout, la suppression, la vérification et l'affichage.

```python
class RegistreFruit:
    def __init__(self):
        self.dictionnaire_fruits = {}

    def ajouter_fruit(self, fruit):
        if fruit.nom in self.dictionnaire_fruits:
            self.dictionnaire_fruits[fruit.nom].quantite +=
            ↪   fruit.quantite
        else:
            self.dictionnaire_fruits[fruit.nom] = fruit

    def supprimer_fruit(self, nom):
        if nom in self.dictionnaire_fruits:
            del self.dictionnaire_fruits[nom]
        else:
            print(f"{nom} n'est pas présent dans le dictionnaire.")

    def verifier_fruit(self, nom):
        if nom in self.dictionnaire_fruits:
            print(f"{nom} : {self.dictionnaire_fruits[nom]}")
        else:
            print(f"{nom} n'est pas présent dans le dictionnaire.")

    def supprimer_fruit_utilisateur(self):
        nom = input("Entrez le nom du fruit à supprimer : ")
        self.supprimer_fruit(nom)

    def afficher_dictionnaire(self):
        print('=' * 40)
        for k, v in self.dictionnaire_fruits.items():
            print(k, ':', v)
```

La classe fruit contient le nécessaire pour représenter un fruit.

```python
class Fruit:
    def __init__(self, nom, quantite):
        self.nom = nom
        self.quantite = quantite

    def __str__(self):
        return "{}, {}".format(self.nom,self.quantite)
```

```python
if __name__ == '__main__':
    # Creation du registre
    fruits = RegistreFruit()

    # Création d'un fruit
    pomme = Fruit("Pommes", 10)
    fruits.ajouter_fruit(pomme)

    # Creation d'un fruit
    banane = Fruit("Bananes", 5)
    fruits.ajouter_fruit(banane)

    # Ajout d'un fruit existant
    pomme = Fruit("Pommes", 22)
    fruits.ajouter_fruit(pomme)

    # Affichage du dictionnaire de fruits
    fruits.afficher_dictionnaire()

    # Suppression d'un fruit existant
    fruits.supprimer_fruit("Pommes")

    # Suppression d'un fruit non existant
    fruits.supprimer_fruit("Caroube")

    # Vérification de la présence d'un fruit
    fruits.verifier_fruit("Oranges")

    # Affichage du dictionnaire de fruits à la fin des opérations
    fruits.afficher_dictionnaire()
```

## EXERCICE 7.6

Développez la classe qui modélise les informations d'un étudiant. La classe doit allouer du stockage pour les données suivantes (et uniquement celles-ci) :

— prénom de l'étudiant
— nom de famille de l'étudiant
— Le nom du cours
— Un dictionnaire pour stocker les notes de l'étudiant

La classe doit inclure une méthode qui calcule la moyenne finale de l'étudiant en fonction des notes enregistrées. Toutes les notes sont basées sur une échelle de 100 points. Les pondérations pour chaque examen, avec la répartition pour le calcul de la note finale, sont :

— Examen intra 30%
— quiz 1 = 20%
— quiz 2 = 15%
— Examen final = 35%

De plus, on sait qu'un étudiant effectue des expériences. Dans ce cadre, on lui ajoute la méthode **faire_experience()**.

Développer la fonction **main()** qui permet de créer un étudiants. Effectuer la saisie des données et appeler les différentes méthodes afin d'afficher sa moyenne finale.

## Solution

L'attribut le plus important est **notes**. Il permet de stocker les paires (cours, pondération). De plus, on utilise la clé pour identifier l'examen spécifique à utiliser.

La méthode **ajouter_note()** est utilisée pour remplir le dictionnaire selon les valeurs saisies par l'usager.

```python
class Etudiant:
    ponderation = {'intra': 0.3,
                   'quiz1': 0.2,
                   'quiz2': 0.15,
                   'final': 0.35
                   }

    def __init__(self, prenom, nom, cours):
        self.prenom = prenom
        self.nom = nom
        self.cours = cours
        self.notes = {}

    def ajouter_note(self, examen, note):
        self.notes[examen] = note

    def __str__(self):
        return f"{self.prenom} {self.nom} {self.cours}, {self.notes})"
```

```python
        # Calcul se fait en utilisant la structure dict
    def calcul_moyenne(self):
        note_totale = 0
        for k in self.ponderation:
            note_totale += self.ponderation[k] * self.notes[k]

        return note_totale

    def faire_experience(self):
        print('Etudiant effectue une expérience scientifique')

def main():
    etud_science = Etudiant('alain', 'flouflou', 'Biologie 101')
    # Saisie de notes science
    for k in Etudiant.ponderation:
        note = int(input("Ajouter note de l'examen {}:".format(k)))
        etud_science.ajouter_note(k, note)
    # Calculer et Afficher la moyenne
    moyenne = etud_science.calcul_moyenne()
    print("L'etudiant de science a une note de:{}".format(moyenne))


    # appel de methode
    etud_science.faire_experience()


    # Etat de l'objet
    print(etud_science)



if __name__ == '__main__':
    main()
```



Développez un programme qui calcule le salaire net d'un employé sachant que les deux types d'employés sont temps plein et temps partiel.

On doit saisir le type d'employé pour calculer le salaire net adéquat. Chaque employé dispose d'un nom et d'un prénom ainsi que du code employé.

Si l'employé est à temps plein, on doit saisir le montant du salaire.

Si l'employé est à temps partiel, on doit saisir le taux horaire et le nombre d'heures travaillées. Les employés à temps plein n'ont pas le droit de faire des heures supplémentaire. Par contre, les heures supplémentaires sont payées au taux de 1.5 pour toute heure au delà de 35 heures pour les heures à temps partiel.

On prendra comme exemple les employés suivants :

Obj1 : Alain Flouflou, code = 10, temps plein,salaire = 3750
Obj2 : Annie Clairclair,code = 20, temps partiel, taux= 12.5, heures = 40

## Solution

La classe modèle est donnée par la figure 7.3.

FIGURE 7.3 – Classe Employe.

La classe de base **Employe** est définie par le code suivant.

```python
# class Employe
HEURES_SUP = 35
TAUX_SUP = 1.5
class Employe:
    """initialisateur"""
    def __init__(self, nom, prenom, code, statut, salaire):
        self.nom = nom
        self.prenom = prenom
        self.code = code
        self.statut = statut
        self.salaire = salaire

    def __str__(self):
        return "nom:{:<10s} prenom: {:<10s} " \
               "code: {:<10s} statut: {:<15s}, salaire:{:7.2f} " \
            .format(self.nom, self.prenom, self.code, self.statut,
            ↪    self.salaire)
```

Le code de création et manipulation de l'objet sera alors :

```python
if __name__ == '__main__':
    """instancier objet"""
    nom = input('Saisir le nom:')
    prenom = input('Saisir le prenom:')
    code = input('Saisir le code:')
    statut = int(input('Saisir le statut en choisissant 1 ou 2\n1.
    ↪   Temps plein\n2. Temps partiel:\n'))
    # Saisir les autres données selon le statut
    if statut == 1:
        salaire = float(input('Saisir le salaire:'))
    else:
        heures = float(input("Saisir le nombre d'heures:"))
        taux = float(input("Saisir le taux horaire:"))
        # Calculer le salaire selon le statut
        if heures <= HEURES_SUP:
            salaire = heures * taux
        else:
            salaire = (heures - HEURES_SUP) * TAUX_SUP * taux +
            ↪   HEURES_SUP * taux

    obj1 = Employe(nom=nom, prenom=prenom, code=code, salaire=salaire,
                statut='TEMPS PLEIN' if statut == 1 else 'TEMPS
                ↪   PARTIEL')
    print(obj1)
```

## EXERCICE 7.8

On considère le cas d'un kiosque d'information. On demande à l'utilisateur les informations suivantes :

— Nom
— Prénom
— Age
— No téléphone

À chaque fois qu'un utilisateur donne ces informations, on les stocke dans une liste. Une fois que la taille de cette liste atteint 5, on affiche toutes les données contenues dans la liste.

## Solution

On crée ici deux classes : **Utilisateur** qui stocke les informations d'un utilisateur, et **Kiosque** qui stocke une liste d'utilisateurs et affiche leurs informations une fois que la taille de la liste atteint 5.

Lorsqu'on ajoute un utilisateur à la liste, la méthode **ajouter_utilisateur()** vérifie si la liste contient 5 utilisateurs. La méthode **afficher_utilisateurs()** sera appelée dans ce cas.

Les classes **Utilisateur** et **Kiosque** sont données par le code suivant :

```python
class Utilisateur:
    def __init__(self, nom, prenom, age, tel):
        self.nom = nom
        self.prenom = prenom
        self.age = age
        self.tel = tel

class Kiosque:
    def __init__(self):
        # Initialisation de la liste pour stocker les informations
        self.utilisateurs = []

    def ajouter_utilisateur(self, utilisateur):
        self.utilisateurs.append(utilisateur)
        # Si la liste atteint la taille de 5, afficher les
        ↪   informations contenues dans la liste
        if len(self.utilisateurs) == 5:
            print("="*50)
            self.afficher_utilisateurs()
            self.utilisateurs = []

    def afficher_utilisateurs(self):
        for utilisateur in self.utilisateurs:
            print(f"Nom: {utilisateur.nom}")
            print(f"Prénom: {utilisateur.prenom}")
            print(f"Age: {utilisateur.age}")
            print(f"Téléphone: {utilisateur.tel}")
            print("----------")

    # Définition de la fonction pour demander les informations à
    ↪   l'utilisateur
    def demander_infos(self):
        nom = input("Entrez votre nom : ")
        prenom = input("Entrez votre prénom : ")
        age = int(input("Entrez votre âge : "))
        telephone = input("Entrez votre numéro de téléphone : ")
        return Utilisateur(nom, prenom, age, telephone)
```

```python
# Exemple d'utilisation
kiosque = Kiosque()
infos_utilisateur = kiosque.demander_infos()
kiosque.ajouter_utilisateur(infos_utilisateur)
#Pour tester, appeler 5 fois la méthode d'ajout
```

## EXERCICE 7.9

On considère une classe **Vecteur** ayant les attributs **x** et **y**. Définir une méthode **add()** qui permet de retourner un objet de type **Vecteur** dont les attributs sont respectivement la somme des **x** et **y**.

Par exemple, si l'on a on l'objet A(10, 20) et B(5, 15), alors **A.add(B)** donne le vecteur C(15, 35).

## Solution

Il suffit de définir dans la classe une méthode d'instance qui prend comme paramètre un objet qui est supposé être du même type. À partir de la, on crée un objet de type **Vecteur** dont chacun des attributs est le résultat de l'addition de l'attribut de l'objet lui-même avec celui de l'attribut correspondant de l'objet passé en paramètre.

```python
class Vecteur:
    def __init__(self, x, y):
        self.x = x
        self.y = y

    def add(self,autre):
        return Vecteur(self.x + autre.x, self.y + autre.y)

    def __str__(self):
        return   str(self.x) + " " + str(self.y)

A = Vecteur(10, 20)
B = Vecteur(5, 15)
#Créer le vecteur C
C = A.add(B)
print(C)
```

## EXERCICE 7.10

On reprend l'exercice 7.9 mais cette fois-ci, on redéfinit l'opérateur **+** afin d'effectuer directement l'opération **add()**.

Pour cela, on ajoutera la méthode **__add__()** avec le code qui permet la somme des attributs **x** et **y** de chaque objet.

## Solution

Dans la solution proposée, on redéfinit la méthode **__add__()** au lieu d'ajouter la méthode **add()**. Ensuite au niveau de l'appel, on utilise directement l'opérateur **+**.

```python
class Vecteur:
    def __init__(self, x, y):
        self.x = x
        self.y = y

    def __add__(self, autre):
        return Vecteur(self.x + autre.x, self.y + autre.y)

    def __str__(self):
        return str(self.x) + " " + str(self.y)

#Création des objets
A = Vecteur(10, 20)
B = Vecteur(5, 15)
# Créer le vecteur C
C = A + B
print(C)
```

# Chapitre 8

# Héritage

Connaissances requises

○ Comprendre la notion d'héritage
○ Définir une classe parent
○ Définir une classe enfant
○ Utiliser les modificateurs de visibilité
○ Utiliser la notion de redéfinition

Créer la classe de base **Contact**. Celle-ci définit un contact que l'on peut avoir. On nous impose qu'un contact dispose d'un **nom** et d'une **adresse email**.

— Sur la base de cette information, créer un contact ayant comme nom **Alain flouflou** et adresse courriel **a.flouflou@monsite.com**. Afficher son détail.
— On considère maintenant que l'on peut avoir un contact mais qui est aussi un fournisseur. Dans ce cas précis, un fournisseur dispose d'un attribut supplémentaire appelé **code_scn** ainsi que d'une méthode **passer_commande()**.
— Développer la classe **Fournisseur**.
— Créer un objet fournisseur avec les valeurs suivante :
  — **Annie ClairClair**
  — **a.clairclair@monsite.com**
  — **1234**

— Afficher l'état de chacun des objets

## Solution

Les classes modèles sont données par la figure 8.1.

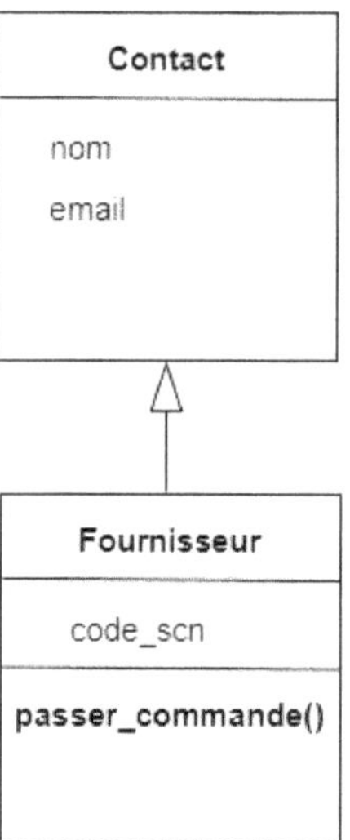


FIGURE 8.1 – Hiérarchie d'héritage.

```python
# Gestion de contact avec Héritage
class Contact:
    def __init__(self, nom, email):
        self.nom = nom
        self.email = email

    def __str__(self):
        return "nom: {0:<15s} et email: {1:<15s}".format(self.nom,
        ↪    self.email)

class Fournisseur(Contact):
    def __init__(self, nom, email, code_scn):
        Contact.__init__(self, nom, email)
        self.code_scn = code_scn

    def passerCommande(self, commande):
        print('La commande est pour: {}'.format(commande))

    def __str__(self):
        return "nom: {0:<15s} et email: {1:<15s},
        ↪    code:{2:25s}".format(self.nom, self.email, self.code_scn)


obj1 = Contact("Alain Clairflou", "a.flouflou@monsite.com")
print(obj1)

objF = Fournisseur("Annie Clairclair Inc", "a.clairclair@monsite.com",
↪    "1234")
print(objF)
```

## EXERCICE 8.2

On désirer maintenant sauvegarder les contacts de l'exercice 8.1 dans un registre mémoire. Pour cela, on va utiliser une liste comme collection.

— Développer la classe **RegistreContacts** qui dispose d'un attribut de type `list` et d'un **titre** pour la collection des contacts appelé **liste des contacts**. On ajoutera les contacts de l'exercice 8.1 dans le registre.
— On fera en sorte maintenant d'ajouter l'affichage du contenu de la liste une fois qu'ils ont été ajouté.
— Le registre des contacts devra maintenant nous fournir un moyen de chercher un contact par son nom. Développer la méthode **rechercher_contact()** qui prend le nom d'un contact pour rechercher s'il est déjà dans le registre.

## Solution

Les classes **Contact** et **Fournisseur** sont reprises ici.

```python
# Gestion de contact avec Héritage
class Contact:
    def __init__(self, nom, email):
        self.nom = nom
        self.email = email

    def __str__(self):
        return "nom: {0:<15s} et email: {1:<15s}".format(self.nom,
        ↪   self.email)

class Fournisseur(Contact):
    def __init__(self, nom, email, code_scn):
        Contact.__init__(self, nom, email)
        self.code_scn = code_scn

    def passerCommande(self, commande):
        print('La commande est pour: {}'.format(commande))

    def __str__(self):
        return "nom: {0:<15s} et email: {1:<15s},
        ↪   code:{2:25s}".format(self.nom, self.email, self.code_scn)
```

La classe **RegistreContacts** fournit les méthodes de manipulation d'un objet de type
**Contact**, soit :

```python
class RegistreContacts():
    def __init__(self, nom, registre=()):
        self.nom = "liste des contacts"
        self.registre=list()

    def rechercherContacts(self, motcle):
        resultats = list()
        for contact in self.registre:
            if motcle in contact.nom:
                resultats.append(contact)
        return resultats
```

```python
    def afficher_contact(self):
        print("Nombre de contacts: {:<4d}".format(len(self.registre)))
        for tmp in self.registre:
            print(tmp)

    def ajouter_contact(self, contact):
        self.registre.append(contact)
```

Le code d'appel de création et manipulation des objets est le suivant :

```python
# créer le registre de contacts
listing = RegistreContacts("liste des contacts")

obj1 = Contact("Alain Clairflou", "a.flouflou@monsite.com")
# print(obj1)
listing.ajouter_contact(obj1)

objF = Fournisseur("Annie Clairclair Inc", "a.clairclair@monsite.com",
    "1234")
# print(objF)
listing.ajouter_contact(objF)

# Afficher le contenu du registre
listing.afficher_contact()

# rechercher un contact
mot = "Clair"
resultats = listing.rechercherContacts(mot)
print("*" * 25)
print("Elements trouvés")
print("*" * 25)
for res in resultats:
    print(res)
```

## EXERCICE 8.3

Développez un programme qui calcule le salaire net d'un employé sachant que les deux types d'employés sont à temps plein et à temps partiel. Un employé dispose d'un **nom**, **prenom** et d'un **code**. Un employé à temps plein dispose d'un **salaire** mensuel.

Si l'employé est à temps partiel, il dispose d'un **taux horaire** et de **nombre d'heures travaillées** et peut faire des heures supplémentaires.

Les employés à temps plein n'ont pas le droit de faire des heures supplémentaire. Par contre, les heures supplémentaires sont payées au taux de 1.5 pour toute heure au delà de 35 heures pour les employés à temps partiel.

Tous les employés sont sujets à une imposition de 20% sur le salaire.

## Solution

On définit d'abord la classe parent avec les membres qui sont communs à toutes les classes enfants.

```python
HEURES_SUP = 35
TAUX_SUP = 1.5
TAUX_IMPOSITION = .20
class Employe:
    """initialisateur"""

    def __init__(self, nom, prenom, code):
        self.nom = nom
        self.prenom = prenom
        self.code = code

    def __str__(self):
        return "nom:{:<10s} prenom: {:<10s} " \
                "code: {:<10s}" \
            .format(self.nom, self.prenom, self.code)
```

La première classe enfant **EmpTempsPartiel** avec les membres spécifiques à cet employé est la suivante :

```python
class EmpTempsPartiel(Employe):
    def __init__(self, nom, prenom, code, heures, taux):
        super().__init__(nom, prenom, code)
        self.heures = heures
        self.taux = taux

    def __str__(self):
        return super().__str__() + ",heures travaillées:{:7.2f} taux
        ↪   horaire: {:7.2f} " \
            .format(self.heures, self.taux)

    def calculer_salaire(self):
        if self.heures <= HEURES_SUP:
            salaire = self.heures * self.taux
```

```python
    else:
        salaire = (self.heures - HEURES_SUP) * TAUX_SUP * self.taux
        ↪   + HEURES_SUP * self.taux
    # imposition
    return salaire * (1 - TAUX_IMPOSITION)
```

La deuxième classe enfant **EmpTempsPlein** avec les membres spécifiques à cet employé est la suivante :

```python
class EmpTempsPlein(Employe):
    def __init__(self, nom, prenom, code, salaire):
        super().__init__(nom, prenom, code)
        self.salaire = salaire

    def __str__(self):
        return super().__str__() + ",salaire:{:7.2f} " \
            .format(self.salaire)

    def calculer_salaire(self):
        return self.salaire * (1 - TAUX_IMPOSITION)
```

Le code d'utilisation des classes est le suivant :

```python
def main():
    """instancier objet"""
    nom = input('Saisir le nom:')
    prenom = input('Saisir le prenom:')
    code = input('Saisir le code:')
    statut = int(input('Saisir le statut en choisissant 1 ou 2\n1.
    ↪   Temps plein\n2. Temps partiel:\n'))

    # Saisir les autres données selon le statut
    if statut == 1:
        salaire = float(input('Saisir le salaire:'))
        obj1 = EmpTempsPlein(nom=nom, prenom=prenom, code=code,
        ↪   salaire=salaire)
    else:
        heures = float(input("Saisir le nombre d'heures:"))
        taux = float(input("Saisir le taux horaire:"))
        obj1 = EmpTempsPartiel(nom=nom, prenom=prenom, code=code,
        ↪   heures=40, taux=20)
```

```python
    # Calculer salaire
    print(obj1.calculer_salaire())

if __name__ == '__main__':
    main()
```

## EXERCICE 8.4

Les énumérations en Python sont implémentées en utilisant le module **enum**. Elles seront
créées en utilisant une classe dans laquelle on met des noms et des valeurs. La classe
parent est **Enum** qui est disponible dans le module **enum**.

Développer la classe qui permet d'identifier le niveau (1ère année, 2ième année, 3ième
année, 4ième) d'un étudiant dans le système universitaire américain. La table 8.1 donne
ces niveaux. Afficher les valeurs et les noms de chacun des niveaux.

| Niveau | Valeur |
|---|---|
| Freshman | 1 |
| Sophomore | 2 |
| Junior | 3 |
| Senior | 4 |

TABLE 8.1 – Niveaux dans le système universitaire américain.

## Solution

Le nom correspond au niveau désiré et la valeur correspondante sera celle identifiée dans
la table 8.1.

On hérite de la classe **Enum** pour construire notre propre énumération.

```python
class Niveau(Enum):
    FRESHMAN=1
    SOPHOMORE=2
    JUNIOR=3
    SENIOR=4
    GRADUATE=5

for niveau in Niveau:
    print(niveau.name, niveau.value)
```

Concevoir une classe **Participant** et ses deux sous-classes **Etudiant** et **Employe**.

On développe la hiérarchie d'héritage en faisant en sorte que deux autres sous-classes **Enseignant** et **Staff** soient sous-classes de la classe **Employe**.

Un Participant a un **nom**, **prénom**, et une **adresse courriel**. Un étudiant a un **statut** d'année ou niveau tel que représentée dans la table 8.1.

Un employé a un **bureau** qui lui est assigné, un **salaire** et la **date de recrutement**.

Un enseignant a des **horaires de bureau** et un **rang** (professeur, professeur adjoint, chargé de cours, etc.) Un staff a un **titre** (conseiller, secrétaire, etc.)

Dans votre conception, redéfinir la méthode `__str__()` dans chaque classe afin d'afficher le nom de la classe et le nom du Participant.

— Dessiner le diagramme UML pour les classes de votre modélisation.
— Implémenter les classes
— Créer des objets du type **Participant**, **Etudiant**, **Employe**, **Enseignant** et **Staff**.
— Pour chacun des objets, on affichera l'état.

## Solution

Le diagramme UML de cette classe est montré à la figure 8.2.

```python
from enum import Enum

class Niveau(Enum):
    FRESHMAN=1
    SOPHOMORE=2
    JUNIOR=3
    SENIOR=4
    GRADUATE=5

class Participant:
    def __init__(self, nom, prenom, email):
        self.nom = nom
        self.prenom = prenom
        self.email = email

    def __str__(self):
        return f"{self.__class__.__name__}: {self.nom} {self.prenom}"
```

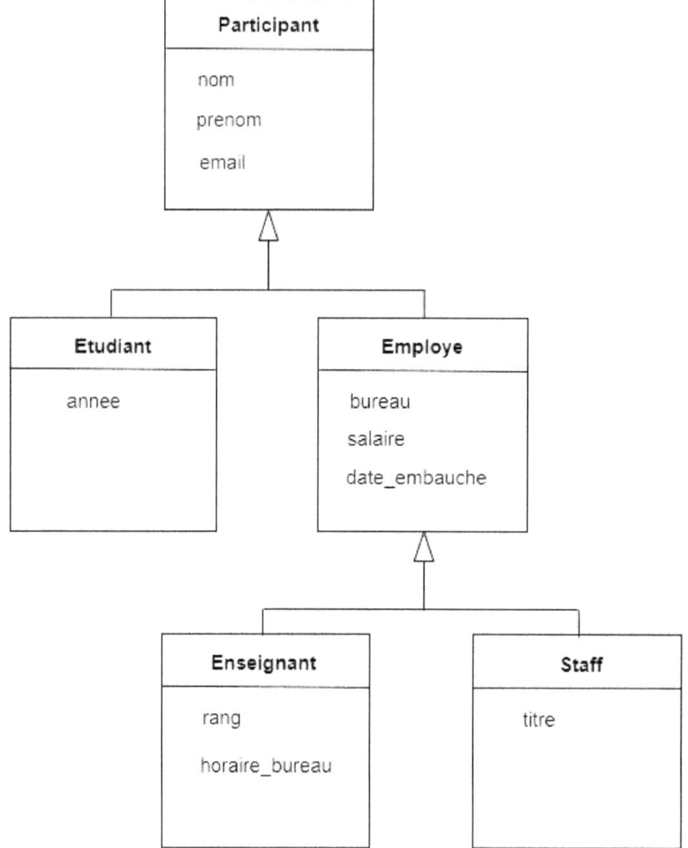

FIGURE 8.2 – Hiérarchie de classes

Les sous-classes de **Participant** sont données par le code suivant :

```python
class Etudiant(Participant):
    def __init__(self, nom, prenom, email, annee):
        super().__init__(nom, prenom, email)
        self.annee = annee

    def __str__(self):
        return super().__str__() + f" statut: {self.annee.name}"
```

```python
class Employe(Participant):
    def __init__(self, nom, prenom, email, bureau, salaire,
    ↪ date_embauche):
        super().__init__(nom, prenom, email)
        self.bureau = bureau
        self.salaire = salaire
        self.date_embauche = date_embauche

    def __str__(self):
        return super().__str__() + f" ({self.__class__.__name__})"


class Enseignant(Employe):
    def __init__(self, nom, prenom, email, bureau, salaire,
    ↪ date_embauche, rang, horaires_bureau):
        super().__init__(nom, prenom, email, bureau, salaire,
        ↪ date_embauche)
        self.rang = rang
        self.horaires_bureau = horaires_bureau

    def __str__(self):
        return super().__str__() + f", {self.rang}"


class Staff(Employe):
    def __init__(self, nom, prenom, email, bureau, salaire,
    ↪ date_embauche, titre):
        super().__init__(nom, prenom, email, bureau, salaire,
        ↪ date_embauche)
        self.titre = titre

    def __str__(self):
        return super().__str__() + f", {self.titre}"
```

Finalement, on montre ici la création des objets de type **Participant** et **Etudiant**. On
remarque aussi l'utilisation de l'énumération **Niveau**.

```python
if __name__ == '__main__':
    # création d'un objet Participant
    part = Participant("Flouflou", "Alain",
     ↪  "alain.flouflou@smail.com")
    print(part)   # Participant

    # création d'un objet Etudiant
    etud = Etudiant("Flouclair", "Abdel", "abdel.flouclair@smail.com",
     ↪  Niveau.JUNIOR)
    print(etud)   # Etat
```

# Chapitre 9

# Fichiers



- ○ Effectuer la lecture de fichier
- ○ Effectuer l'écriture dans un fichier
- ○ Réaliser le découpage de chaîne de caractères

**EXERCICE 9.1**

Utiliser un éditeur de texte, comme **notepad** sur Windows ou **nano** sur Linux, et ajouter les valeurs numériques suivante : 19, 87.2, 22, 109.45. Chaque valeur sera placée sur une ligne séparée.

Développer le code qui permet de lire le fichier et ensuite affiche la valeur moyenne.

## Solution

Tout d'abord, il faut créer un fichier texte et y ajouter les valeurs numériques 19, 87.2, 22, 109.45. Par exemple, pour créer un fichier texte appelé **nombres.txt** contenant ces valeurs, on peut suivre les étapes suivantes :

— Ouvrir l'éditeur de texte de votre choix (par exemple Notepad sur Windows ou Nano sur Linux).
— Créer un nouveau fichier texte.
— Ajouter les valeurs numériques une par une, chacune sur une ligne séparée.
— Enregistrer le fichier **nombres.txt**.

Nous pouvons maintenant développer le code Python pour lire ce fichier et calculer la moyenne des valeurs. La méthode de lecture utilisée ici est `readlines()`.

```python
#Liste pour contenir les nombres lus du fichier
valeurs=[]
# Ouverture du fichier
with open("nombres.txt", "r") as f:
    # Lecture des valeurs
    for tmp in f.readlines():
        print(tmp)
        valeurs.append(float(tmp.strip))

# Calcul de la moyenne des valeurs
moyenne = sum(valeurs) / len(valeurs)

# Affichage de la moyenne
print("La moyenne des valeurs est: {0:7.2f}  ".format(moyenne))
```

Une solution qui fait appel à la technique des listes en compréhension est donnée par le code suivant :

```python
# Ouverture du fichier
with open("nombres.txt", "r") as f:
    # Lecture des valeurs en tant que chaînes de caractères
    valeurs = f.readlines()

# Conversion des chaînes de caractères en nombres réels
valeurs = [float(valeur.strip()) for valeur in valeurs]

# Calcul de la moyenne des valeurs
moyenne = sum(valeurs) / len(valeurs)

# Affichage de la moyenne
print("La moyenne des valeurs est: {0:7.2f}  ".format(moyenne))
```

## EXERCICE 9.2

Développer le code qui génère 4 nombres entiers aléatoires entre 1 et 20. Chaque nombre sera sauvegardé sur une ligne dans un fichier texte. Le fichier doit avoir 10 lignes à la fin. Utiliser le module **random** et la fonction **randint()**.

## Solution

- On commence par importer le module **random** pour générer des nombres aléatoires.
- On ouvre ensuite le fichier **nombres.txt** en mode écriture à l'aide de la fonction `open()`.
- On utilise une boucle **for** pour écrire 10 lignes dans le fichier.
- Dans chaque itération de la boucle, on génère une liste de 4 nombres aléatoires entre 1 et 20 en utilisant la fonction **randint()** de **random**.
- On utilise une boucle **for** avec **tmp** comme variable d'itération. Il faut noter que cette variable n'est pas utilisée par la suite.
- On convertit chaque nombre en une chaîne de caractères à l'aide de la fonction `str`.
- La fonction `join()` est utilisée pour joindre les chaînes de caractères des nombres en une seule chaîne, séparée par des espaces.
- La chaîne de caractères des nombres suivie d'un retour à la ligne est finalement sauvegardée dans le fichier à l'aide de la méthode **write()**.
- Enfin, on ferme le fichier à l'aide de la méthode **close()**.

```python
import random
# Ouverture du fichier en mode écriture
with open("nombres.txt", "w") as f:
    # Boucle pour écrire 10 lignes dans le fichier
    for i in range(10):
        nombres = []
        # Génération de 4 nombres entier aléatoires par ligne
        for tmp in range(4):
            nombres.append(str(random.randint(1,20)) )
        # Écriture des nombres sur une même ligne dans le fichier
        f.write(" ".join(nombres) + "\n")
```

## EXERCICE 9.3

Développer une fonction **calcul_fichier_stats()** qui prend un fichier et retourne la ligne la plus longue dans le fichier. Les espaces en début et en fin de ligne seront pris en compte. On prendra comme exemple le fichier **stats.txt** dont le contenu est le suivant :

```
Le renard saute la barrière.
    Les moutons courent dans tous les sens.
    Le berger siffle et chante sans voir la scène qui se déroule
    sous ses yeux.
```

## Solution

— On définit deux fonctions qui prennent un nom de fichier en entrée.
— On ouvre le fichier en mode lecture à l'aide de la fonction open().
— On initialise une variable **ligne_maximum** avec une chaîne vide qui sera utilisée pour stocker la ligne la plus longue du fichier.
— On utilise une boucle **for** pour lire chaque ligne du fichier.
— Pour chaque ligne, on compare la longueur de la ligne avec celle de la ligne la plus longue actuelle.
— Si la longueur de la ligne est supérieure à celle de la ligne la plus longue actuelle, on sauvegarde la nouvelle ligne qui est la plus longue, dans la variable **ligne_maximum**.
— À la fin de la boucle, on retourne la ligne la plus longue en utilisant la variable **ligne_maximum**.
— Pour la fonction **calcul_fichier_stats()**, on a ajouté la longueur de cette ligne au niveau du retour. Celle-ci n'est pas nécessaire mais on montre ici comment on peut retourner deux valeurs à partir de la fonction.

```python
# solution avec retour de la longueur
def calcul_fichier_longueur(fichier):
    # Initialisation de la variable pour stocker la ligne la plus
    ↪ longue
    ligne_maximum = ""
    input = open(fichier)
    for ligne in input:
        if len(ligne) > len(ligne_maximum):
            # Stockage de la nouvelle ligne la plus longue
            ligne_maximum = ligne
    input.close()
    return len(ligne_maximum)

# solution avec retour de la longueur et la phrase elle meme
def calcul_fichier_stats(fichier):
    # Initialisation de la variable pour stocker la ligne la plus
    ↪ longue
    ligne_maximum = ""
    input = open(fichier)
    for ligne in input:
        if len(ligne) > len(ligne_maximum):
            # Stockage de la nouvelle ligne la plus longue
            ligne_maximum = ligne
    input.close()
    return len(ligne_maximum), ligne_maximum

def main():
    maximus = calcul_fichier_longueur("stats.txt")
    print("Longueur maximum:", maximus)

    maximus, ligne_max = calcul_fichier_stats("stats.txt")
    print("Longueur maximum:", maximus)
    print("Ligne avec longueur maximum:", ligne_max)

if __name__ == '__main__':
    main()
```

## EXERCICE 9.4

Développer une fonction **traiter_casse()** qui prend deux fichiers et copie le contenu du premier fichier dans le deuxième mais en prenant soin d'enlever les lignes qui commence par une minuscule. S'il y'a des espaces en début de ligne, on devra les enlever avant l'écriture.

On prendra comme exemple le fichier **stats.txt** dont le contenu est le suivant :

```
Le renard saute la barrière.
    Les moutons courent dans tous les sens.
    Le berger siffle et chante sans voir la scène qui se déroule
    sous ses yeux.
```

## Solution

— On définit trois variations de la fonction **traiter_casse**() qui prend deux noms de fichiers en entrée : le fichier source et le fichier destination.
— On ouvre le fichier source en mode lecture à l'aide de la fonction open().
— On ouvre le fichier destination en mode écriture à l'aide de la fonction open().
— On utilise une boucle **for** pour lire chaque ligne du fichier source.
— Pour chaque ligne, on vérifie si la première lettre de la ligne est une majuscule en vérifiant si le caractère est dans la chaîne représentant les caractères de l'alphabet. Une meilleure approche est d'utiliser la méthode **isupper**() de la chaîne de caractères. Si c'est le cas, on écrit la ligne dans le fichier de destination à l'aide de la méthode **write**().
— Si la première lettre de la ligne est une minuscule, on n'écrit pas la ligne dans le fichier de destination.
— À la fin de la boucle, on ferme les deux fichiers à l'aide de la méthode **close**().

```python
#Solution de base
def traiter_casse_op1(nom_fichier_source, nom_fichier_destination):
    # Ouverture des deux fichiers en mode lecture et écriture,
    ↪  respectivement
    f_destination = open(nom_fichier_destination, "w")
    f_source = open(nom_fichier_source)
    # Boucle pour lire chaque ligne du fichier source
    for ligne in f_source:
        print(ligne.strip())
        if not ligne.strip()[0] in "abcdefghijklmnopqrstuvwxyz":
            f_destination.write(ligne.strip() + '\n')
    f_destination.close()
    f_source.close()
```

Solution 2 : avec la fonction built-in isupper()

```python
def traiter_casse_op2(nom_fichier_source, nom_fichier_destination):
    # Ouverture des deux fichiers en mode lecture et écriture,
    ↪   respectivement
    f_destination = open(nom_fichier_destination, "w")
    input_f = open(nom_fichier_source)
    # Boucle pour lire chaque ligne du fichier source
    for ligne in input_f:
        if ligne.strip()[0].isupper():
            f_destination.write(ligne.strip() + '\n')
    f_destination.close()
    input_f.close()
```

Solution 3 : avec `with open` sur les deux fichiers

```python
def traiter_casse_op3(nom_fichier_source, nom_fichier_destination):
    # Ouverture des deux fichiers en mode lecture et écriture,
    ↪   respectivement
    with open(nom_fichier_source, "r") as f_source, \
    ↪   open(nom_fichier_destination, "w") as f_destination:
        # Boucle pour lire chaque ligne du fichier source
        for ligne in f_source:
            # Si la première lettre de la ligne est une majuscule, on
            ↪   la copie dans le fichier de destination
            if ligne.strip()[0].isupper():
                f_destination.write(ligne.strip() + '\n')


if __name__ == '__main__':
    traiter_casse_op1("stats.txt", "sortie1.txt")
    traiter_casse_op2("stats.txt", "sortie2.txt")
    traiter_casse_op3("stats.txt", "sortie3.txt")
```

**EXERCICE 9.5**

Calculer le total d'heures travaillées par chacun des employés ainsi que le nombre d'heures moyenne par journée sachant que les employés travaillent 5 jours par semaine. Le fichier est **heures.csv** dont le contenu est le suivant :

```
123 Flouflou 7.5 7.5 7.8 3.0 5.5
456 Flouclair 7.0 7.6 6.6 5.9 8.5
789 Clairclair 8.5 8.0 7.5 5.0 9.5
```

La sortie devrait être dans le format suivant :

Flouflou Code 123 a travaillé XX.XX heures avec une moyenne de XX.XX / jour

Flouclair Code 456 a travaillé XX.XX heures avec une moyenne de XX.XX / jour

Clairclair Code 789 a travaillé XX.XX heures avec une moyenne de XX.XX / jour

## Solution

Une version de base avec des variables destination selon le découpage de la chaîne de
caractères est donnée par le code suivant.

```python
# version 1: Solution basique
input = open("heures.csv")
for ligne in input:
    code, nom, j1, j2, j3, j4, j5 = ligne.split()

    # Moyenne
    heures = float(j1) + float(j2) + float(j3) + \
            float(j4) + float(j5)

    print(nom, "Code:", code, " a travaillé:", \
            heures, "heures avec une moyenne de:  ", heures / 5, "/
            ↪  jour")
input.close()
```

Une version améliorée en utilisant une liste de destination selon le découpage de la
chaîne de caractères est la suivante.

```python
# version 2
input = open("heures.csv")
for ligne in input:
    res = ligne.split()
    # Moyenne
    heures = float(res[2]) + float(res[3]) + float(res[4]) + \
            float(res[5]) + float(res[6])
    print('{0:<10s} Code: {1:<3s}  a travaillé:{2:7.2f}  '
            'heures avec une moyenne de {3:7.2f} / jour'.format(res[1],
            ↪  res[0], heures, heures / 5))
input.close()
```

Une version qui fait appel au slicing ainsi qu'à la notion de liste en compréhension est donnée par le code suivant.

```python
# version 3: slicing et list comprehension
with open("heures.csv") as input:
    for ligne in input:
        res = ligne.split()
        # Moyenne
        heures = sum([float(x) for x in res[2:7]])
        print('{0:<10s} Code: {1:<3s}  a travaillé:{2:7.2f}  '
              'heures avec une moyenne de {3:7.2f} /
              ↪  jour'.format(res[1], res[0], heures, heures / 5))
```

## EXERCICE 9.6

Soit le fichier **produits.txt** qui contient les informations suivantes :

```
tv 14 399.95
boisson 132 0.32
fromage 58 1.92
pain 28 0.29
stylo 25 1.75
```

Pour chaque ligne, on a la description de l'objet, la quantité disponible et le prix.

Développer le code nécessaire pour lire le contenu du fichier et afficher le résultat sous le format suivant :

```
Item: tv, Quantité: 14, Prix: 399.95
Item: boisson, Quantité: 132, Prix: 0.32
Item: fromage, Quantité: 58, Prix: 1.92
Item: pain, Quantité: 28, Prix: 0.29
Item: stylo, Quantité: 25, Prix: 1.75
```

## Solution

On développe la fonction **traiter_fichier()** qui a la fonctionnalité suivante :

— On ouvre le fichier en mode lecture à l'aide de la fonction open().
— On utilise une boucle **for** pour lire chaque ligne du fichier. Pour chaque ligne, on utilise la méthode split() pour diviser la ligne en trois éléments distincts : **item**, **quantite**, et **prix**.
— Par défaut, la méthode split() découpe la ligne en utilisant l'espace comme délimiteur.

— On utilise ensuite la fonction `print()` pour afficher les éléments sous le format souhaité en utilisant des formatted string literals pour formater la chaîne de caractères. Sinon, on peut toujours utiliser la méthode `format()` de `str`.

```python
def traiter_fichier(fichier_source):
    with open(fichier_source, "r") as f:
        for ligne in f:
            # Divise la ligne en 3 éléments distincts
            item, quantite, prix = ligne.split()
            # Affiche les éléments sous le format souhaité en
            ↪   utilisant printf
            print(f"Item: {item}, Quantité: {quantite}, Prix: {prix}")

if __name__ == '__main__':
    traiter_fichier("produits.txt")
```

## EXERCICE 9.7

Soit le fichier texte de l'exercice 9.6. On s'intéresse à la transformation de la description du produit en majuscule. De plus, les produits dont la quantité est inférieure à 26 verront leur prix réduit de 20 pour cent.

Fournir le code pour effectuer cette transformation.

### Solution

La fonction est basée sur l'utilisation de la méthode `split()` qui se charge du découpage en chaîne de caractères de chacune des lignes lues à partir du fichier.

```python
def traiter_fichier(fichier_source):
    with open(fichier_source, "r") as f:
        for ligne in f:
            # Divise la ligne en 3 éléments distincts
            item, quantite, prix = ligne.split()
            prix = float(prix)
            quantite = int(quantite)
            if quantite < 26:
                prix *= 0.8
            item = item.upper()
            # Affiche les éléments sous le format souhaité en
            ↪   utilisant printf
            print(f"Item: {item}, Quantité: {quantite}, Prix: {prix}")
```

```python
if __name__ == '__main__':
    traiter_fichier("produits.txt")
```

## EXERCICE 9.8

Soit le fichier texte de l'exercice 9.6. On s'intéresse maintenant à la sauvegarde des données transformées en appliquant le code développé dans l'exercice 9.7.

Fournir le code pour effectuer la sauvegarde sous le format suivant :

```
laptop|409|695.12
```

## Solution

La fonction est basée sur l'utilisation de la méthode `split()` qui se charge du découpage en chaîne de caractères de chacune des lignes lues à partir du fichier.

Une fois qu'on a effectué la transformation, on sauvegarde la ligne selon le format désiré.

```python
def traiter_fichier(fichier_source, fichier_destination):
    with open(fichier_source, "r") as f:
        with open(fichier_destination, 'w') as f_dest:
            for ligne in f:
                # Divise la ligne en 3 éléments distincts
                item, quantite, prix = ligne.split()
                prix = float(prix)
                quantite = int(quantite)
                if quantite < 26:
                    prix *= 0.8
                item = item.upper()

                # Sauvegarder dans le fichier destination
                f_dest.write(f"{item}|{quantite}|{prix:.2f}\n")

if __name__ == '__main__':
    traiter_fichier("produits.txt", 'sortie.txt')
```

## EXERCICE 9.9

Soit le fichier **inventaire.csv** qui contient les informations suivantes :

```
item,prix,quantité
stylo,1.99,100
cahier,3.99,50
regle,2.49,75
```

Écrire le code qui lit le contenu du fichier en utilisant le module `csv`. On devra afficher le résultat sous la forme suivante :

```
item      prix      quantité
stylo     1.99      100
cahier    3.99      50
regle     2.49      75
```

## Solution

On ouvre le fichier en mode lecture. Ensuite on crée un lecteur **CSV** à partir du fichier. On utilise donc **reader** du module `csv`.

La prochaine étape est la lecture du header ou colonnes présentes dans le fichier à travers la fonction `next()`.

Ensuite, les lignes restantes sont lues pour afficher les données correspondantes (nom de l'item, prix et quantité).

```python
import csv

def traiter_inventaire(fichier_source):
    with open(fichier_source, 'r') as f:
        # lire le fichier
        lecteur = csv.reader(f)
        # lire le header
        headers = next(lecteur)
        print("{:<10} {:<10} {}".format(headers[0], headers[1],
        ↪  headers[2]))
        print("=" * 30)
        for ligne in lecteur:
            item, prix, quantite = ligne
            print("{:<10} {:<10} {}".format(item, prix, quantite))


if __name__ == '__main__':
    traiter_inventaire("inventaire.csv")
```

Modifier le code de l'exercice 9.9 afin de permettre la recherche en utilisant le nom du produit.

## Solution

Pour permettre la recherche en utilisant le nom du produit, on peut utiliser la méthode `csv.DictReader` qui permet de lire chaque ligne sous forme de dictionnaire, avec les noms de colonne comme clés. Ensuite, on peut utiliser une boucle pour chercher le produit souhaité. Le code est le suivant :

```python
import csv

def rechercher_produit(fichier_source,nom_prd):
    with open(fichier_source, 'r') as f:
        lecteur = csv.DictReader(f)
        print("{:<10} {:<10} {}".format('item', 'prix', 'quantité'))
        print("=" * 30)
        for ligne in lecteur:
            if ligne['item'] == nom_prd:
                print("{:<10} {:<10} {}".format(ligne['item'],
                ↪   ligne['prix'], ligne['quantite']))


def traiter_inventaire(fichier_source):
    with open(fichier_source, 'r') as f:
        # lire le fichier
        lecteur = csv.reader(f)
        # lire le header
        headers = next(lecteur)
        print("{:<10} {:<10} {}".format(headers[0], headers[1],
        ↪   headers[2]))
        print("=" * 30)
        for ligne in lecteur:
            item, prix, quantite = ligne
            print("{:<10} {:<10} {}".format(item, prix, quantite))


if __name__ == '__main__':
    traiter_inventaire("inventaire.csv")
    print("=" * 30)
    rechercher_produit("inventaire.csv", "stylo")
```

**EXERCICE 9.11**

Soit le fichier texte de l'exercice 9.9, on s'intéresse maintenant à la sauvegarde des données lues en utilisant le module **csv**.

Fournir le code pour effectuer la sauvegarde sous le format suivant :

```
"stylo";1.99;100
```

## Solution

Le contenu du fichier **inventaire.csv** est lu et est sauvegardé dans une liste **items**. Ensuite, on crée un nouveau fichier au format csv appelé **sortie.csv**. Les données sont écrites dans ce fichier en utilisant le séparateur ;. Chaque ligne du fichier a le format "item" ;prix ;quantité.

```python
import csv

def traiter_inventaire(fichier_source, fichier_destination):
    with open(fichier_source, 'r') as f:
        # lire le fichier
        lecteur = csv.DictReader(f)
        items = []
        for ligne in lecteur:
            items.append((ligne['item'], ligne['prix'],
                ligne['quantite']))

        with open(fichier_destination, mode='w', newline='') as
            f_dest:
            writer = csv.writer(f_dest, delimiter=';')
            writer.writerow(['item', 'prix', 'quantite'])
            for item in items:
                writer.writerow([item[0], item[1], item[2]])


if __name__ == '__main__':
    traiter_inventaire("inventaire.csv", "sortie.csv")
```

# Chapitre 10

# Gestion d'exceptions

Connaissances requises

- ○ Comprendre ce qu'est une exception
- ○ Utiliser try-except-finally
- ○ Utiliser la propagation d'exceptions
- ○ Créer de nouvelles exceptions

**EXERCICE 10.1**

On désire prendre en charge la multiplication de deux nombres qui seront saisis par l'usager. Dans notre cas, on aura potentiellement le cas d'une saisie de valeurs non numérique. Cette condition va lever l'exception `ValueError`.

Développer un programme pour :

— Afficher le message : **La valeur saisie n'est pas un nombre** en cas de saisie non numérique.
— Introduire une boucle jusqu'à ce que les valeurs saisies ne causent pas d'exception.

## Solution

La première solution n'inclut pas la gestion d'exception.

```python
#Multiplication de deux nombres sans gestion d'exception
nombre_1 = float(input('Saisir nombre 1:'))
nombre_2 = float(input('Saisir nombre 2:'))
resultat = nombre_1 * nombre_2
print('Le produit de {} par {} est:{}'.format(nombre_1, nombre_2,
↳   resultat))
```

Dans la deuxième solution, on inclut une gestion d'exception. Par contre, si une exception se produit, l'usager n'a pas la possibilité de saisir de nouveau les valeurs. La structure utilisée est le `try-except-else`.

```python
#Multiplication de deux nombres avec gestion d'exception de base
try:
    nombre_1 = float(input('Saisir nombre 1:'))
    nombre_2 = float(input('Saisir nombre 2:'))
except ValueError as e:
    print('La valeur saisie n'est pas un nombre !')
else:
    resultat = nombre_1 * nombre_2
    print('Le produit de {} par {} est:{}'.format(nombre_1, nombre_2,
↳   resultat))
```

Une solution plus complète incluant une boucle permet à l'usager de saisir de nouveau les valeurs en cas d'occurrence d'une exception.

```python
#"Multiplication de deux nombres avec gestion d'exception et boucle
flag = True
while flag:
    try:
        nombre_1 = float(input('Saisir nombre 1:'))
        nombre_2 = float(input('Saisir nombre 2:'))
    except ValueError as e:
        print('La valeur saisie n'est pas un nombre !')
    else:
        resultat = nombre_1 * nombre_2
        print('Le produit de {} par {} est:{}'.format(nombre_1,
        ↪   nombre_2, resultat))
        flag = False
```

## EXERCICE 10.2

Développer une classe qui peut être utilisée pour représenter les nombres complexes.

Ceux-ci ont une partie réelle et une partie imaginaire. Votre classe devrait fournir les attributs, constructeur et méthodes appropriés pour la manipulation d'un nombre complexe.

Si l'usager saisit une chaîne pour une des parties du nombre complexe, lever une exception et la gérer en affichant un message approprié.

Tester votre classe avec différentes valeurs.

## Solution

— Cette classe prend en entrée la partie réelle et la partie imaginaire sous forme de nombres réels.
— Si l'utilisateur entre une chaîne qui ne peut pas être convertie, une exception est levée. La structure utilisée ici est `try-except`.
— La méthode `__str__()` est utilisée pour afficher le nombre complexe sous forme d'une chaîne de caractères.
— Les autres méthodes permettent de calculer le conjugué, l'addition, la soustraction et la multiplication de deux nombres complexes.
— On peut ajouter d'autres méthodes telle que la division de de deux nombres complexes.

```python
class NombreComplexe:
    def __init__(self, real, imaginaire):
        try:
            self.reel = float(real)
            self.imaginaire = float(imaginaire)
        except ValueError:
            raise ValueError("Valeurs invalides. Saisir des nombres
            ↪  pour la partie réelle et imaginaire.")

    def __str__(self):
        if self.imaginaire < 0:
            return f"{self.reel} {self.imaginaire}j"
        else:
            return f"{self.reel}+{self.imaginaire}j"

    def conjugate(self):
        return NombreComplexe(self.reel, -self.imaginaire)

    def __add__(self, other):
        return NombreComplexe(self.reel + other.reel, self.imaginaire
        ↪  + other.imaginaire)

    def __sub__(self, other):
        return NombreComplexe(self.reel - other.reel, self.imaginaire
        ↪  - other.imaginaire)

    def __mul__(self, other):
        return NombreComplexe(self.reel * other.reel - self.imaginaire
        ↪  * other.imaginaire,
                              self.reel * other.imaginaire +
                              ↪  self.imaginaire * other.reel)
```

L'utilisation de la classe et des méthodes qu'on a développé se fait avec le code suivant :

```python
if __name__ == '__main__':
    # création de deux nombres complexe
    z1 = NombreComplexe(3, 4)
    z2 = NombreComplexe(1, -2)

    # affichage des nombres complexes
    print(z1)  # affiche "3+4j"
    print(z2)  # affiche "1-2j"
```

```
# calcul du conjugué et du module d'un nombre complexe
print(z1.conjugate())  # affiche "3-4j"

# opérations arithmétiques sur deux nombres complexes
print(z1 + z2)  # affiche "4+2j"
print(z1 - z2)  # affiche "2+6j"
print(z1 * z2)  # affiche "11-2j"

#Valeurs invalides
z2 = NombreComplexe(1, 'toto')
```

## EXERCICE 10.3

Développer une fonction **traiter_casse**() qui prend comme paramètres deux fichiers et copie le contenu du premier fichier dans le deuxième. Comme traitement, on prendra soin d'enlever les lignes qui commencent par une minuscule. On prendra comme exemple le fichier **casse.txt** dont le contenu est :

> Le renard saute la barrière de l'enclos. Les moutons ne l'ont pas vu mais le berger siffle et chante sans voir la scène qui se déroule sous ses yeux.

S'il y'a un problème d'accès aux fichiers, un message de notification devra être affiché à l'usager.

## Solution

Dans la première solution, on effectue la lecture du fichier en entrée puis on effectue la transformation en minuscule.

Chaque ligne transformée est ensuite sauvegardée dans le fichier de sortie.

```python
def traiter_casse(ficin, ficout):
    with open(ficin) as fi:
        with open(ficout, 'w') as fo:
            for ligne in fi:
                if not ligne.strip().islower():
                    fo.write(ligne)


if __name__ == '__main__':
    traiter_casse('casse.txt', 'sortie.txt')
```

Une autre solution qui prend en compte l'exception sur le fichier est donnée par le code suivant. On a utilisé ici la structure `try-except`.

```python
#Prise en charge de FileNotFoundError
def traiter_casse(ficin, ficout):
    try:
        with open(ficin) as fi:
            with open(ficout, 'w') as fo:
                for ligne in fi:
                    if not ligne.strip().islower():
                        fo.write(ligne)
    except FileNotFoundError as e:
        print('Probleme de fichiers')

if __name__ == '__main__':
    traiter_casse('casse.txt', 'sortie.txt')
```

## EXERCICE 10.4

Développer un programme qui demande à l'utilisateur un nombre correspondant à un mois de l'année puis affiche le nom du mois associé avec le nombre saisi. Dans le cas où le nombre saisi ne correspond pas à un mois valide, on affichera un message d'erreur et on arrête le programme. On utilisera un dictionnaire pour représenter les mois de l'année. On intégrera une gestion d'exception pour valider la saisie du nombre correspondant au mois. De plus, la logique de test devrait se faire dans une fonction.

## Solution

On commence par définir un dictionnaire **mois** qui associe chaque nombre de mois à son nom. Ensuite, on demande à l'utilisateur de saisir un nombre correspondant à un mois à l'aide de la fonction `input()` et on convertit cette entrée en entier avec la fonction `int()`.

On vérifie ensuite si le nombre saisi est présent dans le dictionnaire **mois** avec l'opérateur `in`. Si c'est le cas, on affiche le nom du mois correspondant à l'aide de l'indexation du dictionnaire **mois**. Sinon, on affiche un message d'erreur.

```python
# Définir un dictionnaire associant chaque nombre de mois à son nom
mois = {1: "janvier", 2: "février", 3: "mars", 4: "avril", 5: "mai", 6:
→    "juin",
        7: "juillet", 8: "août", 9: "septembre", 10: "octobre", 11:
        →    "novembre", 12: "décembre"}
```

```python
def determiner_mois(nombre):
    return mois[nombre]

def saisir_valeur(message):
    flag = True
    #Saisie et Validation du mois
    while flag:
        try:
            nombre = int(input(message))
            # Vérifie si le nombre saisi correspond à un mois valide
            ↪  et affiche le nom du mois associé
            if nombre in mois:
                flag = False
            else:
                print("Erreur : Le nombre saisi ne correspond pas à un
                ↪  mois valide.")

        except ValueError:
            print("Erreur : Veuillez saisir un nombre entier.")
    return nombre

if __name__ == '__main__':
    nombre= saisir_valeur("Entrez un nombre correspondant à un mois de
    ↪  l'année : ")
    print("Le mois correspondant au nombre {} est {}".format(nombre,
    ↪  determiner_mois(nombre)))
```

## EXERCICE 10.5

Reprendre l'exercice 10.3 et faire en sorte que s'il y'a un problème d'accès aux fichiers, l'adresse IP et le nom d'utilisateur soient inscrits dans un fichier de logs.

On peut utiliser le code suivant pour récupérer le nom d'utilisateur, le nom de la machine et l'adresse IP.

```python
import getpass
import socket

username = getpass. getuser()
hostname = socket. gethostname()
ip = socket.gethostbyname(hostname)
```

Solution

```python
#Prise en charge de FileNotFoundError et logs
import getpass
import socket

def ecrire_log(fico):
    username = getpass.getuser()
    hostname = socket.gethostname()
    ip = socket.gethostbyname(hostname)

    #ecrire le log
    with open(fico, 'a') as fo:
        try:
            fo.write('{}|{}|{}\n'.format(username, hostname, ip))
        except FileNotFoundError as e:
            print('Probleme de fichier logs')

def traiter_casse(ficin, ficout):
    try:
        with open(ficin) as fi:
            with open(ficout, 'w') as fo:
                for ligne in fi:
                    if not ligne.strip().islower():
                        fo.write(ligne)

    except FileNotFoundError as e:
        print('Probleme de fichiers')
        ecrire_log('logs.csv')

if __name__ == '__main__':
    traiter_casse('casse.txt', 'sortie.txt')
```

Une solution basée sur le module **csv** est donnée par le code suivant :

```python
# Prise en charge de FileNotFoundError et logs avec module csv
import getpass
import socket
import csv
```

```python
def ecrire_log(fico):
    #Obtenir les details usagers
    username = getpass.getuser()
    hostname = socket.gethostname()
    ip = socket.gethostbyname(hostname)

    # ecrire le log
    with open(fico, 'a', newline='\n') as fo:
        ecriteur = csv.writer(fo, delimiter='|',
        ↪  quoting=csv.QUOTE_NONNUMERIC)
        try:
            ecriteur.writerow((username, hostname, ip))
        except FileNotFoundError as e:
            print('Probleme de fichier logs')

def traiter_casse(ficin, ficout):
    try:
        with open(ficin) as fi:
            with open(ficout, 'w') as fo:
                for ligne in fi:
                    if not ligne.strip().islower():
                        fo.write(ligne)

    except FileNotFoundError as e:
        print('Probleme de fichiers')
        ecrire_log('logs.csv')

if __name__ == '__main__':
    traiter_casse('cass.txt', 'sortie.txt')
```

## EXERCICE 10.6

Développer une classe **Employe**. Chaque employé a un **nom**, **prénom** et un **age**. On utilisera le constructeur qui initialise un employé avec un nom, prénom et un age.

Créer une classe **ListeEmploye** qui sera utilisée pour gérer les employés. On utilisera un attribut de type `list` pour stocker les employés.

Dans la classe **ListeEmploye**, inclure la méthode **ajouter_employe()** pour ajouter un employé à la liste et la méthode **afficher_employes()** pour afficher les employés de la liste, respectivement.

En utilisant les employés **Alain, FlouFlou, 25, Abdel, FlouClair, 34'** et **'Annie, FlouFlou, 22'**, développer le code nécessaire pour ajouter ces employés à la liste, puis de les afficher. Notifier l'utilisateur qu'un employé est déjà présent dans la liste lorsqu'on essaye d'ajouter un employé ayant le même nom et prénom. On ne permettra pas l'ajout dans ce cas.

Pour signaler ce doublon, on utilisera une exception. En utilisant les conventions de nommage, celle-ci sera appelée **mployeDoublonError** et sera levée si l'employé est détecté comme doublon lors de l'ajout.

## Solution

Dans la première étape, on définit les classes **Employe** et **ListeEmploye**. La méthode importante est **ajouter_employe()** qui permet d'ajouter un objet de type **Employe**.

```python
# Utilisation d'une collection de stockage d'objets
class Employe:
    def __init__(self, nom, prenom, age):
        self.nom = nom
        self.prenom = prenom
        self.age = age

    def __str__(self):
        return 'Nom:{}, prenom:{}, age:{}'.format(self.nom,
        ↪   self.prenom, self.age)

class ListeEmploye:
    def __init__(self):
        self.registre = []

    def ajouter_employe(self, emp):
        self.registre.append(emp)

    def afficher_employes(self):
        for emp in self.registre:
            print(emp)
```

Le code utilisée pour manipuler cette collection est le suivant :

```python
if __name__ == '__main__':
    emp1 = Employe('FlouFlou', 'Alain', 25)
    emp2 = Employe('FlouClair', 'Abdel', 34)
    emp3 = Employe('Annie', 'FlouFlou', 22)
```

```python
# Ajout des employés
listing = ListeEmploye()
listing.ajouter_employe(emp1)
listing.ajouter_employe(emp2)
listing.ajouter_employe(emp3)
# Affichage des employés
listing.afficher_employes()
```

La solution suivante intègre une classe d'exception personnalisée. Elle nous permet de lever un objet comme exception et ainsi signaler qu'un employé est un doublon.

```python
# Prise en charge d'exception personnalisée
class EmployeDoublonError(Exception):
    def __init__(self, emp):
        self.emp = emp

    def __str__(self):
        return self.emp
```

On garde le même code pour le modèle :

```python
class Employe:
    def __init__(self, nom, prenom, age):
        self.nom = nom
        self.prenom = prenom
        self.age = age

    def __eq__(self, other):
        return self.nom == other.nom and self.prenom == other.prenom

    def __str__(self):
        return 'Nom:{}, prenom:{}, age:{}'.format(self.nom,
        ↪ self.prenom, self.age)
```

Le code pour la gestion de la collection reste le même globalement mais on a ajouté l'exception pour indiquer un doublon, soit :

```python
class ListeEmploye:
    def __init__(self):
        self.registre = []
```

```python
    def valider_employe(self, emp):
        for tmp in self.registre:
            if emp == tmp:
                return True
        return False


    def ajouter_employe(self, emp):
        if self.valider_employe(emp):
            raise EmployeDoublonError(emp)
        else:
            self.registre.append(emp)


    def afficher_employes(self):
        for emp in self.registre:
            print(emp)
```

Le code d'utilisation inclut maintenant la gestion de l'exception en rapport avec un employé doublon.

```python
if __name__ == '__main__':
    emp1 = Employe('FlouFlou', 'Alain', 25)
    emp2 = Employe('FlouClair', 'Abdel', 34)
    emp3 = Employe('FlouFlou', 'Alain', 22)
    # Ajout des employés
    listing = ListeEmploye()
    try:
        listing.ajouter_employe(emp1)
    except EmployeDoublonError as e:
        print('Doublon:{},{},{}'.format(e.emp.nom, e.emp.prenom,
        ↪   e.emp.age))

    try:
        listing.ajouter_employe(emp2)
    except EmployeDoublonError as e:
        print('Doublon:{},{},{}'.format(e.emp.nom, e.emp.prenom,
        ↪   e.emp.age))
```

```python
try:
    listing.ajouter_employe(emp3)
except EmployeDoublonError as e:
    print('Doublon:{},{},{}'.format(e.emp.nom, e.emp.prenom,
    ↪   e.emp.age))
# Affichage des employés
listing.afficher_employes()
```

## EXERCICE 10.7

Développer une classe python **ConvertisseurPoids** qui peut être utilisée pour convertir des mesures de poids standard.

Dans votre liste d'options, incluez au minimum les grammes, kilogrammes, livres et onces. Si l'utilisateur entre un nombre négatif ou une valeur non numérique, lever et gérer l'exception correspondante

## Solution

Cette classe **ConvertisseurPoids** a deux variables d'instance : **valeur** et **unite**, et définit les méthodes suivantes :

— `__init__()` : construit un objet **ConvertisseurPoids** à partir d'une valeur numérique et d'une chaîne d'unité, et lève une exception si la valeur est négative ou non numérique.

— **to_grammes()**, **to_kilogrammes()**, **to_pounds()** et **to_ounces()** : ce sont les méthodes de conversion du poids en grammes, kilogrammes, livres et onces, respectivement. Si une unité non valide est fournie, une exception `ValueError` est levée.

```python
class ConvertisseurPoids:
    def __init__(self, valeur, unite):
        if not isinstance(valeur, (int, float)):
            raise ValueError("La valeur doit être un numérique.")
        if valeur < 0:
            raise ValueError("La valeur doit être positive.")
        self.valeur = valeur
        self.unite = unite
```

```python
    def to_grammes(self):
        if self.unite == "gramme":
            return self.valeur
        elif self.unite == "kilogramme":
            return self.valeur * 1000
        elif self.unite == "pound":
            return self.valeur * 453.592
        elif self.unite == "ounce":
            return self.valeur * 28.3495
        else:
            raise ValueError("Unité invalide.")

    def to_kilogrammes(self):
        return self.to_grammes() / 1000

    def to_pounds(self):
        return self.to_grammes() / 453.592

    def to_ounces(self):
        return self.to_grammes() / 28.3495
```

Le code d'utilisation est le suivant :

```python
if __name__ == '__main__':
    try:
        converter = ConvertisseurPoids(10, "kilogramme")
        wc = converter
        print(wc.to_grammes())   # prints 10000.0
        print(wc.to_pounds())    # prints 22.04622621875

        wc = ConvertisseurPoids(1000, "gramme")
        print(wc.to_kilogrammes())   # prints 1.0
        print(wc.to_ounces())    # prints 35.27396194958041

        wc = ConvertisseurPoids(-1, "pound")   # raises ValueError
    except ValueError as e:
        print(e)   # print "La valeur doit être positive."
```

## EXERCICE 10.8

Développer le programme qui compte le nombre de caractères, de mots et de lignes dans un fichier. Les mots sont séparés par un espace. On devra gérer les exceptions reliées à la lecture du fichier.

$\boxed{\text{Solution}}$

On développe une fonction qui prend en argument le chemin vers un fichier et renvoie
un tuple contenant le nombre de caractères, de mots et de lignes dans le fichier. Si le
fichier n'existe pas ou si l'utilisateur n'a pas les permissions nécessaires pour y accéder,
une exception `FileNotFoundError` ou `PermissionError` est levée. Si une autre erreur
se produit, une exception générique est levée.

```python
def stats_fichier(fichier):
    try:
        with open(fichier, 'r') as fin:
            num_cars = 0
            num_mots = 0
            num_lignes = 0

            for line in fin:
                num_lignes += 1
                num_cars += len(line.strip())
                mots = line.strip().split()
                num_mots += len(mots)

            return (num_cars, num_mots, num_lignes)
    except FileNotFoundError:
        print(f"Fichier '{fichier}' n'a pas été trouvé!.")
    except PermissionError:
        print(f"Permission d'accès au fichier '{fichier}'.")
    except Exception as e:
        print(f"Erreur de lecture de '{fichier}': {str(e)}")

    return None
```

Le code d'utilisation de la fonction **stats_fichier()** est le suivant :

```python
if __name__ == '__main__':
    stats = stats_fichier('stats.txt')

    if stats:
        num_cars, num_mots, num_lignes = stats
        print(f"Le fichier  contient {num_cars} caractères, {num_mots}
        ↪ mots et {num_lignes} lignes.")
```

# Chapitre 11

# Interfaces graphiques

Connaissances requises

- ○ Comprendre le rôle du module tkinter
- ○ Comprendre ce qu'est un composant graphique ou widget
- ○ Utiliser les attributs d'un widget
- ○ Positionner un widget
- ○ Gérer les évènements sur une fenêtre

## 11.1 Laboratoires

### 11.1.1 Développement d'une interface graphique

**Objectif**

Mettre en place une interface graphique de base pour un jeu de sélection de fruits.

**Contexte**

On se propose de réaliser l'interface graphique permettant d'afficher le nom d'un fruit.

**Fonctionnalités**

On développe l'interface graphique suivante. On veillera à respecter les points suivants :

— On utilisera la liste de nom de fruits suivante : [**"pomme"**, **"banane"**, **"orange"**, **"mangue"**, **"kiwi"**]
— L'affichage doit se faire d'une manière aléatoire en utilisant la fonction **changer_fruit()**.
— Le bouton de vérification ne sera pas activé dans ce laboratoire. On le reliera par contre à la fonction **verifier_reponse()**.

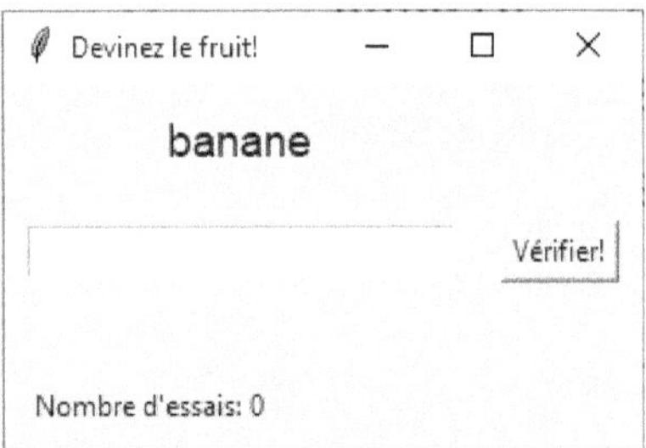


**Compétences**

— Utilisation du module tkinter
— Utilisation du gestionnaire de placement `grid` de composantes graphiques
— Appel de fonctions

```
Solution
```

On utilise ici deux variables globales **fruit_actuel** et **essais**. Celles-ci vont maintenir les valeurs du fruit affiché ainsi que le nombre d'essais qui ont été faits.

On utilise la fonction `choice()` afin d'obtenir un fruit à partir de la liste de fruits.

La méthode `mainloop()` sert à lancer la boucle d'évènement de tkinter.

```python
import tkinter as tk
import random

# Liste de fruits
fruits = ["pomme", "banane", "orange", "mangue", "kiwi"]

# Fonction pour vérifier la réponse
def verifier_reponse():
    pass

# Fonction pour changer le fruit
def changer_fruit():
    global fruit_actuel
    global essais
    essais = 0
    fruit_actuel = random.choice(fruits)
    lbl_fruit.config(text=fruit_actuel)
    entry.delete(0, tk.END)
```

La fenêtre **root** contient les widgets nécessaires pour que l'utilisateur puisse jouer.

```python
# Création de la fenêtre principale
root = tk.Tk()
root.title("Devinez le fruit!")

# Création des widgets
lbl_fruit = tk.Label(root, text="", font=("Arial", 14))
lbl_fruit.grid(row=0, column=0, columnspan=2, padx=10, pady=10)

entry = tk.Entry(root, font=("Arial", 12))
entry.grid(row=1, column=0, columnspan=2, padx=10)

btn_verifier = tk.Button(root, text="Vérifier!",
↪    command=verifier_reponse)
btn_verifier.grid(row=1, column=2, columnspan=2, padx=10, pady=10)

lbl_resultat = tk.Label(root, text="")
lbl_resultat.grid(row=3, column=0, columnspan=3, padx=10, sticky="w")
```

```python
essais = 0
lbl_nb_essais = tk.Label(root, text="Nombre d'essais: " + str(essais))
lbl_nb_essais.grid(row=4, column=0, columnspan=3, padx=10, pady=10,
↪    sticky="w")

# Lancement du jeu
changer_fruit()

# Boucle principale de la fenêtre
root.mainloop()
```


```python
essais = 0
lbl_nb_essais = tk.Label(root, text="Nombre d'essais: " + str(essais))
lbl_nb_essais.grid(row=4, column=0, columnspan=3, padx=10, pady=10,
```

## 11.1.2 Intégration de fonctions dans une interface graphique

### Objectif

Mettre en place le code de base pour un jeu de sélection de fruits.

### Contexte

On se propose de réaliser un programme permettant d'apprendre le nom d'un fruit affiché sur l'écran. On demandera à l'usager de saisir le nom du fruit en français.

### Fonctionnalités

On développe l'interface graphique suivante. On veillera à respecter les points suivants :

— On affichera un fruit à l'usager
— Celui-ci devra saisir le nom du fruit
— Si l'usager devine correctement le nom du fruit, on lui affichera **Bravo ! Vous avez deviné le fruit.** et on lui donne le nombre d'essais qu'il a fait. Si la réponse est incorrecte, on lui afficher le message d'erreur **Désolé, ce n'est pas le bon fruit. Réessayez !**.
— Si la réponse est correcte, on affiche un autre fruit.

### Compétences

— Utilisation de variables
— Utilisation du module graphique tkinter
— Utilisation de structure mémoire list
— Utilisation de fonctions pré-définies de Python
— Structure de test

### Solution

On modifie ici le code nécessaire pour la fonction **verifier_reponse()**. On compare donc le fruit saisi par l'usager au niveau du widget de saisie avec la valeur du fruit affiché.

```python
import tkinter as tk
import random

# Liste de fruits
fruits = ["pomme", "banane", "orange", "mangue", "kiwi"]

# Fonction pour vérifier la réponse
def verifier_reponse():
    global essais
    fruit_dev = entry.get().lower()
    if fruit_dev == fruit_actuel:
        lbl_resultat.config(text="Bravo! Vous avez deviné le fruit.",
            ↪  fg="green")
        changer_fruit()
    else:
        lbl_resultat.config(text="Désolé, ce n'est pas le bon fruit.
            ↪  Réessayez!", fg="red")
        essais += 1

    lbl_nb_essais.config(text="Nombre d'essais: " + str(essais))

# Fonction pour changer le fruit
def changer_fruit():
    global fruit_actuel
    global essais
    essais = 0
    fruit_actuel = random.choice(fruits)
    lbl_fruit.config(text=fruit_actuel)
    entry.delete(0, tk.END)


# Création de la fenêtre principale
root = tk.Tk()
root.title("Devinez le fruit!")

# Création des widgets
lbl_fruit = tk.Label(root, text="", font=("Arial", 14))
lbl_fruit.grid(row=0, column=0, columnspan=2, padx=10, pady=10)

entry = tk.Entry(root, font=("Arial", 12))
entry.grid(row=1, column=0, columnspan=2, padx=10)
```

```python
btn_verifier = tk.Button(root, text="Vérifier!",
↪    command=verifier_reponse)
btn_verifier.grid(row=1, column=2, columnspan=2, padx=10, pady=10)

lbl_resultat = tk.Label(root, text="")
lbl_resultat.grid(row=3, column=0, columnspan=3, padx=10, sticky="w")

essais = 0
lbl_nb_essais = tk.Label(root, text="Nombre d'essais: " + str(essais))
lbl_nb_essais.grid(row=4, column=0, columnspan=3, padx=10, pady=10,
↪    sticky="w")

# Lancement du jeu
changer_fruit()

# Boucle principale de la fenêtre
root.mainloop()
```

### 11.1.3   Intégration d'images dans une interface graphique

**Objectif**

Mettre en place le code de base pour un jeu de sélection graphique de fruits.

**Contexte**

On se propose de réaliser un programme permettant d'apprendre le nom d'un fruit dont l'image est affichée sur l'écran. On demandera à l'usager de saisir le nom du fruit en français.

**Fonctionnalités**

On développe l'interface graphique suivante. On veillera à respecter les points suivants :

— On affichera l'image d'un fruit à l'usager
— Celui-ci devra saisir le nom du fruit
— Si l'usager devine correctement le nom du fruit, on lui affichera **Bravo ! Vous avez deviné le fruit.** et on lui donne le nombre d'essais qu'il a fait. Si la réponse est incorrecte, on lui afficher le message d'erreur **Désolé, ce n'est pas le bon fruit. Réessayez !**.
— Si la réponse est correcte, on affiche un autre fruit.

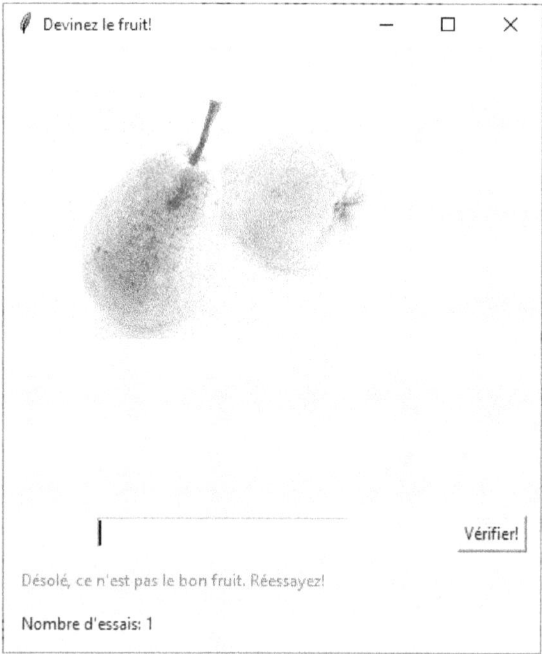

**Compétences**

— Utilisation de variables
— Utilisation du module graphique tkinter
— Intégration d'images
— Utilisation de structure mémoire list
— Utilisation de fonctions pré-définies de Python
— Structure de test

## Solution

On utilise ici `Canvas` et `PhotoImage` afin d'afficher l'image du fruit. Les images sont disponibles sur le site web compagnon du livre.

```python
import tkinter as tk
import random
from tkinter import NW

# Liste de fruits
fruits = ["poire", "orange", "fraise", "citron", "cerise"]

# Fonction pour vérifier la réponse
def verifier_reponse():
    global essais
    fruit_dev = entry.get().lower()
    essais += 1
    if fruit_dev == fruit_actuel:
        lbl_resultat.config(text="Bravo! Vous avez deviné le fruit en
            ↪   {} essai(s)".format(essais), fg="green")
        changer_fruit()
    else:
        lbl_resultat.config(text="Désolé, ce n'est pas le bon fruit.
            ↪   Réessayez!", fg="red")
        entry.delete(0, tk.END)

    lbl_nb_essais.config(text="Nombre d'essais: " + str(essais))
```

```python
# Fonction pour changer le fruit
def changer_fruit():
    global fruit_actuel
    global essais
    essais = 0
    fruit_actuel = random.choice(fruits)
    img.config(file = 'photos/'+fruit_actuel + ".gif")
    # lbl_fruit.config(text=fruit_actuel)
    entry.delete(0, tk.END)


# Création de la fenêtre principale
root = tk.Tk()
root.title("Devinez le fruit!")
#Création du canvas pour l'image
canvas = tk.Canvas(root, width = 300, height = 300)
canvas.grid(row=0, column=0, columnspan=2, padx=10, pady=10)
img = tk.PhotoImage()
canvas.create_image(20, 20, anchor=NW, image=img)
# Création des widgets
# lbl_fruit = tk.Label(root, text="", font=("Arial", 14))
# lbl_fruit.grid(row=0, column=0, columnspan=2, padx=10, pady=10)

entry = tk.Entry(root, font=("Arial", 12))
entry.grid(row=1, column=0, columnspan=2, padx=10)

btn_verifier = tk.Button(root, text="Vérifier!",
↪    command=verifier_reponse)
btn_verifier.grid(row=1, column=2, columnspan=2, padx=10, pady=10)

lbl_resultat = tk.Label(root, text="")
lbl_resultat.grid(row=3, column=0, columnspan=3, padx=10, sticky="w")

essais = 0
lbl_nb_essais = tk.Label(root, text="Nombre d'essais: " + str(essais))
lbl_nb_essais.grid(row=4, column=0, columnspan=3, padx=10, pady=10,
↪    sticky="w")

# Lancement du jeu
changer_fruit()

# Boucle principale de la fenêtre
root.mainloop()
```

Créez une fenêtre avec deux zones de texte et un bouton. Lorsque le bouton est cliqué, le texte de la première zone de texte doit être copié dans la deuxième zone de texte.

## Solution

On utilise une approche orientée objet pour cette solution. On fera en sorte d'hériter de la classe **Frame**.

Le gestionnaire de layout utilisé ici est **pack** et les widgets qui contiennent le texte sont du type **Text** .

La méthode d'obtention du texte est **get()** et pour insérer le texte on utilise **insert()**.

```python
import tkinter as tk

class Fenetre(tk.Frame):
    def __init__(self, master=None):
        super().__init__(master)
        self.master = master
        self.pack()
        self.creer_widgets()

    def creer_widgets(self):
        # Création de la première zone de texte
        self.area_src = tk.Text(self)
        self.area_src.pack()

        # Création de la deuxième zone de texte
        self.area_dest = tk.Text(self)
        self.area_dest.pack()

        # Création du bouton pour copier le texte
        self.btn_copy = tk.Button(self, text="Copier",
        ↪   command=self.copier_texte)
        self.btn_copy.pack()

    def copier_texte(self):
        # Copie du texte de la première zone de texte dans la deuxième
        ↪   zone de texte
        text = self.area_src.get("1.0", "end-1c")  # Récupération du
        ↪   texte de la première zone de texte
```

```
            self.area_dest.delete("1.0", "end")  # Effacement du texte de
         ↳   la deuxième zone de texte
            self.area_dest.insert("1.0", text)  # Copie du texte dans la
         ↳   deuxième zone de texte

# Création de la fenêtre
root = tk.Tk()
app = Fenetre(master=root)
app.mainloop()
```

## EXERCICE 11.2

Créez une fenêtre avec une liste déroulante qui affiche une liste de couleurs. Lorsqu'une couleur est sélectionnée dans la liste déroulante, le fond de la fenêtre doit changer pour cette couleur.

## Solution

On utilise une approche orienté objet pour cette solution, similaire à celle utilisée dans l'exercice 11.1.

Le widget utilisé ici est le `OptionMenu` qui fonctionne comme une liste déroulante.

On utilise `StringVar` afin de garder la valeur de la couleur et l'utiliser par la suite au niveau de la liste déroulante.

### 🔆 C'est quoi StringVar ?

*Une variable définie à l'aide de StringVar() contient une chaîne de données dans laquelle nous pouvons définir une valeur de texte et la récupérer par la suite. Elle est très utile lorsqu'on manipule les données d'un widget Entry par exemple.*

```
import tkinter as tk

class Fenetre(tk.Frame):
    def __init__(self, master=None):
        super().__init__(master)
        self.master = master
        self.pack()
        self.creer_widgets()

    def creer_widgets(self):
        # Création de la liste des couleurs
        self.colors = ["Red", "Green", "Blue", "Yellow", "Purple"]
```

```python
        # Création de la liste déroulante
        self.color_variable = tk.StringVar(self)
        self.color_variable.set(self.colors[0])  # Valeur initiale de
        ↪ la liste
        self.color_dropdown = tk.OptionMenu(self, self.color_variable,
        ↪ *self.colors)
        self.color_dropdown.pack()

        # Création du bouton pour changer la couleur de fond
        self.change_color_button = tk.Button(self, text="Changer la
        ↪ couleur", command=self.changer_couleur)
        self.change_color_button.pack()

    def changer_couleur(self):
        # Changement de la couleur de fond de la fenêtre
        self.master.configure(bg=self.color_variable.get())

# Création de la fenêtre
root = tk.Tk()
root.geometry('300x100')
root.title('Choix de couleur')
app = Fenetre(master=root)
app.mainloop()
```

**EXERCICE 11.3**

Afficher la fenêtre de la figure 11.1 qui permet de saisir le nom et le salaire. Lorsqu'on clique sur le bouton, la valeur du salaire sera lue et on affichera la valeur augmentée de 1000 comme le montre la figure 11.2. De plus, le nom sera transformé en majuscule.

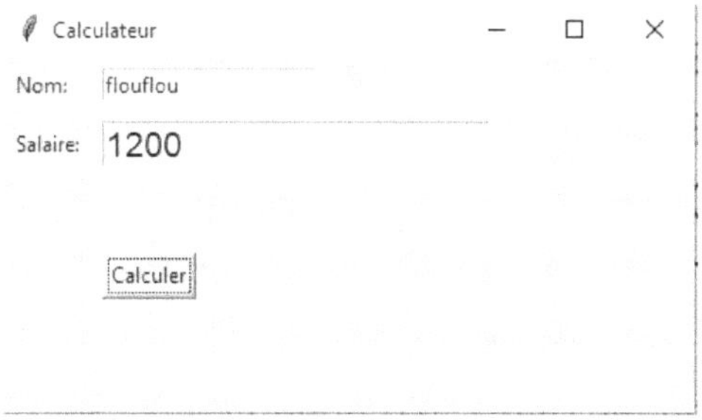

FIGURE 11.1 – Fenêtre initiale.

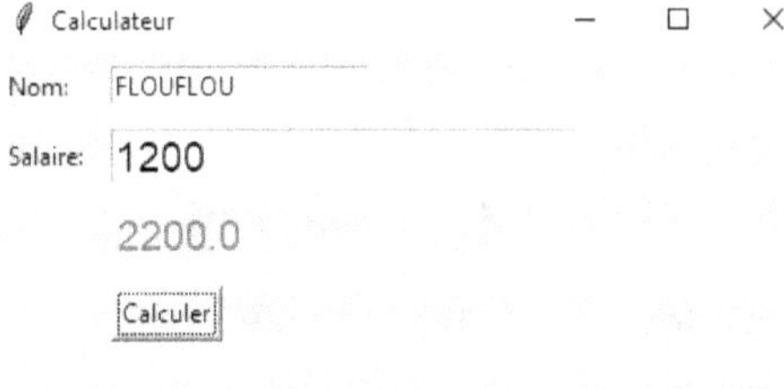


FIGURE 11.2 – Action sur le bouton.

# Solution

On utilise ici le gestionnaire de placement du type **grid**.

Le reste des widgets est classique à part **txt_salaire** qui est du type **Entry** . Il permet de recevoir des données de type `str` de l'usager.

```python
import tkinter as tk

def calculer():
    texto=txt_nom.get().upper()
    txt_nom.delete(0, tk.END)
    txt_nom.insert(0,texto)
    salaire = float(txt_salaire.get()) + 1000
    lbl_resultat.config(text=str(salaire))

#Creer la fenetre root
root = tk.Tk()
root.geometry('400x200')
root.title('Calculateur')
#ajout section du nom
lbl_nom = tk.Label(root, text='Nom:')
lbl_nom.grid(row=1, column=1, sticky='w', padx=5, pady=5)
txt_nom = tk.Entry(root)
txt_nom.grid(row=1, column=2, sticky='w', padx=5, pady=5)

#ajout section du salaire
lbl_salaire = tk.Label(root, text='Salaire:')
lbl_salaire.grid(row=2, column=1, sticky='w', padx=5, pady=5)
txt_salaire = tk.Entry(root, font=('arial', 14))
txt_salaire.grid(row=2, column=2, sticky='w', padx=5, pady=5)
```

```python
#resultat
lbl_resultat = tk.Label(root, font=('arial', 14), fg='red')
lbl_resultat.grid(row=3, column=2, sticky='w', padx=5, pady=5)
#Ajout du bouton calculer
btn_calculer = tk.Button(root, text='Calculer', command=calculer)
btn_calculer.grid(row=4, column=2, sticky='w', padx=5, pady=5)
#Afficher la fenetre
root.mainloop()
```

## EXERCICE 11.4

Afficher la fenêtre suivante qui permet de saisir le nom d'un chandail, sa taille et la quantité demandée. Les tailles disponibles sont : Large, medium et small. Lorsqu'on

FIGURE 11.3 – Fenêtre initiale avec combobox.

clique sur le bouton **Afficher**, on affiche la chaîne représentant les informations comme le montre la figure 11.4. On utilisera le gestionnaire de layout `grid` ainsi que le widget Combobox.

FIGURE 11.4 – Fenêtre avec résultat de sélection.

## Solution

On utilise ici le gestionnaire de placement du type `grid`.

Le reste des widgets est classique à part **tailleC** qui est du type `Combobox`.

```python
import tkinter as tk
from tkinter import ttk

def afficher():
    produit = txt_produit.get()
    qte = float(txt_qte.get())
    taille = tailleC.get()
    resultat = 'Produit:{}, taille:{}, qte:{}'.format(produit, taille,
      ↪ qte)
    lbl_resultat.config(text=resultat)
```

Le code de création de la fenêtre est le suivant :

```python
#Creer la fenetre root
root = tk.Tk()
root.geometry('400x200')
root.title('Choix de chandail')
#ajout section du produit
lbl_produit = tk.Label(root, text='Produit:')
lbl_produit.grid(row=1, column=1, sticky='w', padx=5, pady=5)
txt_produit = tk.Entry(root)
txt_produit.grid(row=1, column=2, sticky='w', padx=5, pady=5)


#ajout section taille
lbl_taille = tk.Label(root, text='Taille:')
lbl_taille.grid(row=2, column=1, sticky='w', padx=5, pady=5)
# Combobox creation
n = tk.StringVar()
tailleC = ttk.Combobox(root, width=10, textvariable=n)
#  valeurs
tailleC['values'] = (' Large',
                     ' Medium',
                     ' Small')

tailleC.current(1)
tailleC.grid(row=2, column=2, sticky='w', padx=5, pady=5)

#ajout section qte
lbl_qte = tk.Label(root, text='Quantité:')
lbl_qte.grid(row=3, column=1, sticky='w', padx=5, pady=5)
txt_qte = tk.Entry(root)
txt_qte.grid(row=3, column=2, sticky='w', padx=5, pady=5)
```

```
#resultat
lbl_resultat = tk.Label(root, font=('arial', 14), fg='red')
lbl_resultat.grid(row=4, column=2, sticky='w', padx=5, pady=5)
#Ajout du bouton calculer
btn_calculer = tk.Button(root, text='Afficher', command=afficher)
btn_calculer.grid(row=5, column=2, sticky='w', padx=5, pady=5)
#Afficher la fenetre
root.mainloop()
```

## EXERCICE 11.5

Afficher la fenêtre de la figure 11.5 qui permet de saisir le nom d'un chandail et sa taille en cliquant sur un des boutons radio . Les tailles disponibles sont : Large, medium et

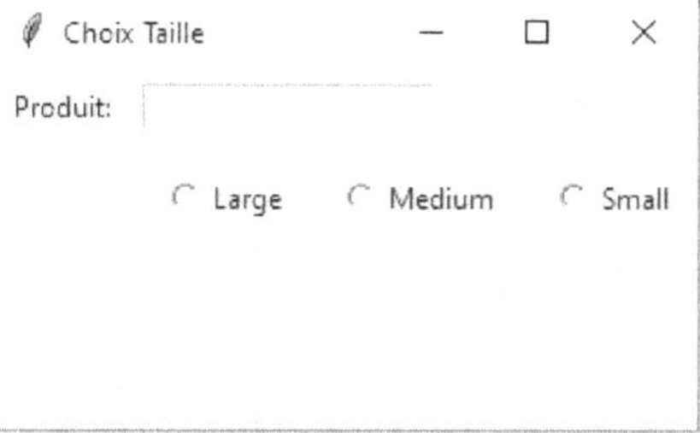


FIGURE 11.5 – Fenêtre initiale avec boutons radio.

small. Lorsqu'on clique sur un des boutons radio, on affiche la chaîne représentant les informations comme le montre la figure 11.6. On utilisera le gestionnaire de layout `grid` ainsi que le widget `RadioButton`.

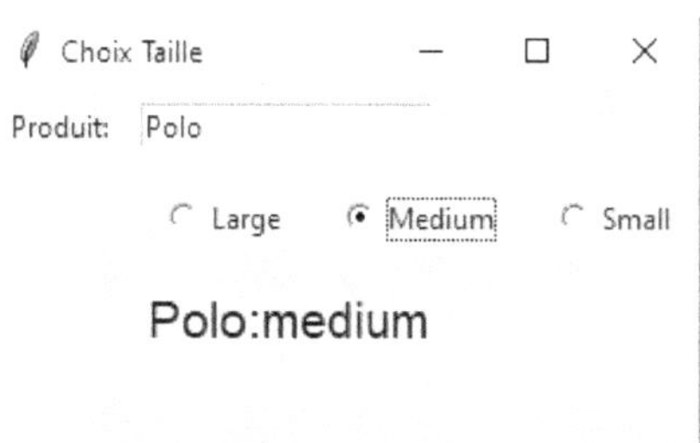


FIGURE 11.6 – Fenêtre avec résultat de sélection.

## Solution

On utilise ici le gestionnaire de placement du type `grid`.

Le reste des widgets est classique à part `RadioButton` qui est destiné à offrir un choix mutuellement exclusif de tailles.

```python
import tkinter as tk
def show_taille():
    lbl_resultat.config(text=txt_produit.get() +':'+ v.get(),
    ↪    font=('arial', 16))

# Creer la fenetre root
root = tk.Tk()
root.geometry('300x150')
root.title('Choix Taille')

v = tk.StringVar()
v.set(1)   # init

tailles = [("Large", 'large'),("Medium", 'medium'),
           ("Small", 'small')]

# ajout section du produit
lbl_produit = tk.Label(root, text='Produit:')
lbl_produit.grid(row=1, column=1, sticky='w', padx=5, pady=5)
txt_produit = tk.Entry(root)
txt_produit.grid(row=1, column=2, sticky='w', padx=5, pady=5)
# ajout section Taille
frame = tk.Frame(root)
frame.grid(row=2, column=2, sticky='w', padx=3, pady=5)
i = 2
for taille, val in tailles:
    tk.Radiobutton(frame, text=taille, padx=5, variable=v,
    ↪    command=show_taille,                      value=val).grid(row=2,
    ↪    column=i, sticky='w', padx=5, pady=5)
    i += 1

lbl_resultat = tk.Label(root)
lbl_resultat.grid(row=3, column=2, sticky='w', padx=5, pady=5)

# Afficher la fenetre
root.mainloop()
```



Afficher la fenêtre suivante qui permet de modifier la taille du texte en utilisant le widget `Scale`.

On utilisera le paramètre **orient** avec valeur `HORIZONTAL`. Pour lire la valeur du slider, on utilisera la méthode `get()`.

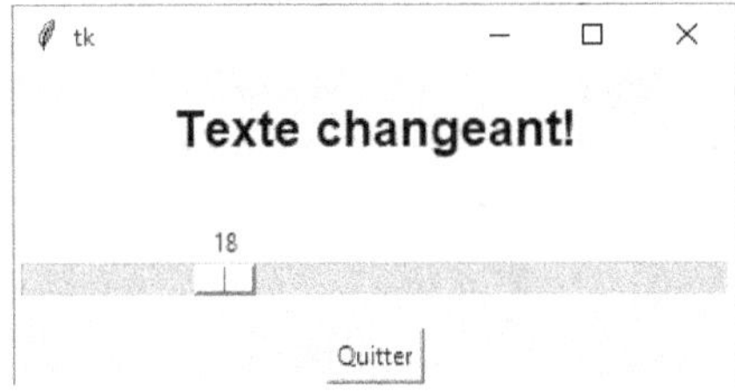


## Solution

On utilise ici le widget de type `Scale` . On indique les valeurs des paramètres `from` et `to` ainsi que l'orientation sur la fenêtre. La valeur à utiliser est obtenue par l'intermédiaire de la méthode `get()`.

```python
from tkinter import *
def resize(ev=None):
    label.config(font='Helvetica {} bold'.format(scale.get()))

root = Tk()
root.geometry('350x150')
label = Label(root, text='Texte changeant!', font='Helvetica -12
↪  bold')
label.pack(fill=Y, expand=1)
scale = Scale(root, from=10, to=40, orient=HORIZONTAL, command=resize)
scale.set(12)
scale.pack(fill=X, expand=1)
quitter = Button(root, text='Quitter', command=root.quit)
quitter.pack()
root.mainloop()
```

## EXERCICE 11.7

Une chaîne de distribution alimentaire internationale propose ses produits en kilogramme pour la majorité de ses clients. Afin d'aider ses clients qui utilisent le système impérial, elle désire leur fournir la même information mais en livre (ou pound). Développer le programme qui permet de faire la conversion de kilogramme vers livre sachant qu'un kilogramme équivaut à 2.2 livres. On doit aussi avoir la possibilité de faire la conversion de livre vers kilogramme.

## Solution

On crée une interface graphique avec deux zones de saisie, une pour les kilogrammes et une pour les livres, ainsi que deux boutons pour effectuer les conversions.

Celles-ci sont effectuées en utilisant les formules de conversion entre les deux unités. Le résultat de la conversion est affiché dans la zone correspondante.

Si une erreur se produit (par exemple, si l'utilisateur entre un texte au lieu d'un nombre), le champ de saisie est effacé et un message d'erreur est affiché à la place.

```python
import tkinter as tk

class Converter:
    def __init__(self, master):
        self.master = master
        master.title("Convertisseur de poids")
        master.geometry('260x150')

        # Création des widgets
        self.lbl_kg = tk.Label(master, text="Kilogrammes:")
        self.lbl_lb = tk.Label(master, text="Livres:")
        self.entry_kg = tk.Entry(master)
        self.entry_lb = tk.Entry(master)
        self.btn_kg_to_lb = tk.Button(master, text="Convertir kg en
        ↪  lb", command=self.convert_kg_to_lb)
        self.btn_lb_to_kg = tk.Button(master, text="Convertir lb en
        ↪  kg", command=self.convert_lb_to_kg)

        # Placement des widgets
        self.lbl_kg.grid(row=0, column=0)
        self.entry_kg.grid(row=0, column=1)
        self.btn_kg_to_lb.grid(row=1, column=0, columnspan=2, pady=10)
        self.lbl_lb.grid(row=2, column=0)
        self.entry_lb.grid(row=2, column=1)
        self.btn_lb_to_kg.grid(row=3, column=0, columnspan=2, pady=10)

    def convert_kg_to_lb(self):
        try:
            kg = float(self.entry_kg.get())
            lb = kg * 2.2
            self.entry_lb.delete(0, tk.END)
            self.entry_lb.insert(0, round(lb, 2))
        except ValueError:
            self.entry_lb.delete(0, tk.END)
            self.entry_lb.insert(0, "Erreur")
```

```python
    def convert_lb_to_kg(self):
        try:
            lb = float(self.entry_lb.get())
            kg = lb / 2.2
            self.entry_kg.delete(0, tk.END)
            self.entry_kg.insert(0, round(kg, 2))
        except ValueError:
            self.entry_kg.delete(0, tk.END)
            self.entry_kg.insert(0, "Erreur")

root = tk.Tk()
converter = Converter(root)
root.mainloop()
```

## EXERCICE 11.8

Créez une fenêtre avec une zone de texte et un bouton **Enregistrer**. Lorsque le bouton est cliqué, le texte de la zone de texte doit être enregistré dans un fichier texte.

## Solution

On utilise une approche orienté objet pour cette solution.

Lorsque le bouton est cliqué, le texte de la zone de texte est récupéré en utilisant la méthode **get** et est ensuite enregistré dans un fichier texte en utilisant la fonction open() et la méthode **write()**.

Le texte est enregistré dans un fichier appelé **sortie.txt** qui est créé dans le même dossier que le fichier Python.

```python
import tkinter as tk

class Fenetre(tk.Frame):
    def __init__(self, master=None):
        super().__init__(master)
        self.master = master
        self.pack()
        self.creer_widgets()

    def creer_widgets(self):
        # Création de la zone de texte
        self.zone_texte = tk.Text(self)
        self.zone_texte.pack()
```

```python
        # Création du bouton pour enregistrer le texte
        self.btn_sauvegarder = tk.Button(self, text="Enregistrer",
        ↪    command=self.save_text)
        self.btn_sauvegarder.pack()

    def save_text(self):
        # Récupération du texte de la zone de texte
        text = self.zone_texte.get("1.0", "end-1c")

        # Enregistrement du texte dans un fichier texte
        with open("sortie.txt", "w") as f:
            f.write(text)
```

Le code de création de la fenêtre est le suivant :

```python
# Création de la fenêtre
root = tk.Tk()
app = Fenetre(master=root)
app.mainloop()
```

## EXERCICE 11.9

Créez une fenêtre avec une zone de texte et un bouton **Lire fichier**. Lorsque le bouton est cliqué, une boîte de dialogue de sélection de fichier doit apparaître. Une fois qu'un fichier texte est sélectionné, le texte du fichier doit être affiché dans la zone de texte. On pourra utiliser le fichier de l'exercice 11.8

## Solution

On utilise une approche orienté objet pour cette solution.

— La fonction `open_file()` est appelée lorsqu'on clique sur le bouton **Ouvrir**. Elle ouvre une boîte de dialogue de sélection de fichier en utilisant la méthode `askopenfilename` du module `filedialog` . On ne peut sélectionner que des fichiers texte en utilisant l'argument `filetypes`.
— Si un fichier est sélectionné, on affiche son contenu dans la zone de texte en lisant le fichier avec la fonction `open()` et en insérant le texte dans la zone de texte avec la méthode `insert()`.
— On crée la fenêtre principale en utilisant la classe `Tk` du module tkinter.
— On crée la zone de texte en utilisant la classe `Text` .
— On crée le bouton **Ouvrir** en utilisant la classe `Button`. On lui associe la fonction **open_file()** en utilisant l'argument `command`.

```python
import tkinter as tk
from tkinter import filedialog

class Fenetre(tk.Frame):
    def __init__(self, master=None):
        super().__init__(master)
        self.master = master
        self.pack()
        self.creer_widgets()

    def creer_widgets(self):
        # Création de la zone de texte
        self.zone_texte = tk.Text(self)
        self.zone_texte.pack()

        # Création du bouton pour lire le texte
        self.btn_lire = tk.Button(self, text="Lire fichier",
        ↪   command=self.open_file)
        self.btn_lire.pack()

    def open_file(self):
        # Ouvre la boîte de dialogue de sélection de fichier
        file_path =  filedialog.askopenfilename(filetypes=[("Fichiers
        ↪   texte", "*.txt")])
        if file_path:
            # Affiche le contenu du fichier dans la zone de texte
            with open(file_path, "r") as f:
                self.zone_texte.delete("1.0", tk.END)
                self.zone_texte.insert(tk.END, f.read())

# Création de la fenêtre
root = tk.Tk()
app = Fenetre(master=root)
app.mainloop()
```

# Chapitre 12

# Projet d'intégration

## 12.1   Contexte

On se propose de réaliser un système simple qui permet de calculer l'indice de masse grasse. Celui-ci est donné par la formule suivante :

$$IMG = (1.2 * poids/taille^2) + (0.23 * age) - (10.8 * sexe) - 5.4 \qquad (12.1)$$

Dans cette formule, les paramètres sont les suivants :

— Poids : en kg
— Taille en m
— Sexe = 0 pour la femme et sexe = 1 pour l'homme

Selon le site [1], les risques de santé peuvent être évalués selon le tableau 12.1.

**Fonctionnalités**

On veut réaliser un prototype de ce calculateur. On veillera à respecter les points suivants :

— On affichera l'indice de masse grasse
— On affichera le message concernant le risque de santé
— Si l'utilisateur n'entre pas de valeur pour la taille ou poids, on lui indiquera un message lui indiquant que la saisie de ces valeurs est obligatoire.
— L'utilisateur pourra choisir dans un premier temps de sauvegarder la valeur calculée avec un timestamp dans un fichier texte.

---

1. https ://fr.wikipedia.org/wiki/Indice_de_masse_grasse#cite_note-14

| Description | Femme | Homme |
| --- | --- | --- |
| Minimum vital | 10–13% | 2–5% |
| Athlétique | 14–20% | 6–13% |
| En forme | 21–24% | 14–17% |
| Moyen | 25–31% | 18–24% |
| Obèse | >32% | >25% |

TABLE 12.1 – Classification en fonction de l'IMG.

— L'application devra être livrée comme GUI et sera développée avec le module `tkinter`.

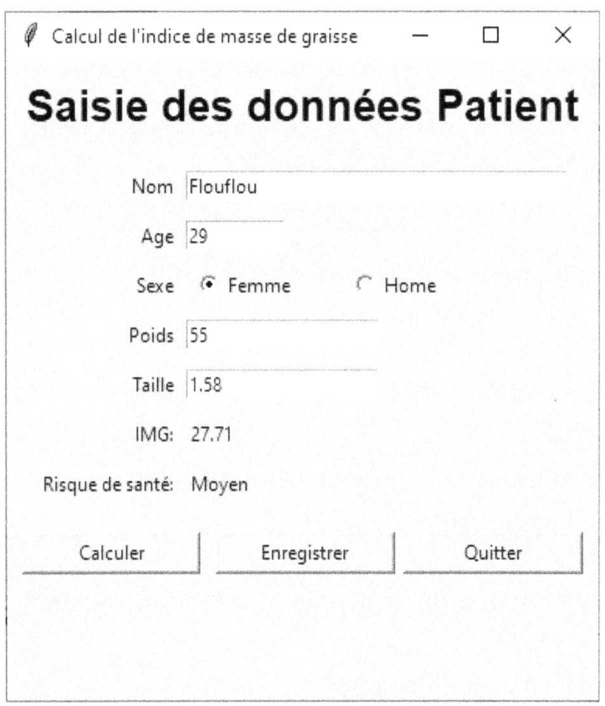


FIGURE 12.1 – Calculateur IMG

## 12.2  Module de base : calculateur IMG

**Démarche**

— Dans un premier temps, on procède au développement du module de base en demandant à l'usager la saisie de son poids et sa taille. Il devra aussi spécifier son age et son sexe. À partir de ces 4 valeurs, on effectue le calcul et l'affichage de l'IMG.

## Solution

Puisque les valeurs du poids et de la taille peuvent être des réels, on va convertir les données saisies en `float` avant de les utiliser dans la règle de calcul de l'IMG. De la même façon, l'âge est exprimé en entier donc on devra prévoir une conversion. Finalement, pour le sexe on lui propose un choix à faire.

Pour l'affichage, on va choisir deux décimales.

```python
age = int(input("Saisir votre age:"))
# On suppose que l'usager nous donne soit 0 ou 1
sexe = int(input("Saisir 0 pour femme et 1 pour male:"))
poids = float(input("Saisir votre poids:"))
taille = float(input("Saisir votre taille:"))
# Calcul img selon la regle
img = (1.2 * poids / (taille ** 2)) + (0.23 * age) - (10.8 * sexe) -
↪    5.4
print("Votre img est:{0:7.2f}".format(img))
```

En éxécution, on aura la sortie suivante :

```
Saisir votre age:29
Saisir 0 pour femme et 1 pour male:0
Saisir votre poids:55
Saisir votre taille:1.58
Votre img est:  27.71
```

## 12.3   Tests et boucles

### 12.3.1   Pratique test, affichage du risque et classification

**Objectif**

Développer la partie affichage du risque de santé associé avec une valeur IMG.

**Fonctionnalités**

On affichera l'indice de masse grasse ainsi que le message concernant le risque de santé.

**Démarche**

- Dans un premier temps, on a procédé au test de l'application en demandant à l'usager la saisie de ses données. À partir de ces valeurs, on a effectué le calcul de l'IMG.
- On passe maintenant à l'affichage du risque de santé sur la base de la valeur IMG et de l'âge.

---

## Solution

On peut obtenir la valeur du risque de santé en utilisant une variable de type chaîne. Selon la valeur obtenue de l'IMG et de l'âge, on va affecter une valeur spécifique que l'on devra obtenir la liste représentant le risque. Cette liste devra être initialisée au préalable. C'est ce qu'on a fait dans le code suivant. On a déterminé l'indice correspondant afin de récupérer la valeur du risque de santé.

```python
#Definition du risque
risque =["Minimum vital","Athlétique","En forme","Moyen","Obèse"]

age = int(input("Saisir votre age:"))
# On suppose que l'usager nous donne soit 0 ou 1
sexe = int(input("Saisir 0 pour femme et 1 pour male:"))
poids = float(input("Saisir votre poids:"))
taille = float(input("Saisir votre taille:"))
# Calcul img selon la regle
img = (1.2 * poids / (taille ** 2)) + (0.23 * age) - (10.8 * sexe) -
↪    5.4
print("Votre img est:{0:7.2f}".format(img))
```

```python
#Determination du risque santé
if sexe == 0 :#femme
            if 10<=img <= 13 :
                index=0
            elif img <= 20 :
                index=1
            elif img<=24:
                index=2
            elif img<=31:
                index=3
            else :
                index=4

elif sexe == 1:#homme
    if 2 <= img <= 5:
        index = 0
    elif img <= 13:
        index = 1
    elif img <= 17:
        index = 2
    elif img <= 24:
        index = 3
    else:
        index = 4

print("Votre risque de santé selon IMG:{0:7.2f}
 ↪   est:{1:15s}".format(img,risque[index]))
```

En éxécution, on aura la sortie suivante :

```
Saisir votre age:29
Saisir 0 pour femme et 1 pour male:0
Saisir votre poids:55
Saisir votre taille:1.58
Votre img est:  27.71
Votre risque de santé selon IMG:  27.71 est:Moyen
```

## 12.3.2   Pratique boucle, validation de la saisie

### Objectif

Développer la partie de validation de la taille qui doit être différente de 0.

### Fonctionnalités

Si l'utilisateur entre une valeur égale à 0 pour la taille ou le poids, on lui indiquera que la saisie de ces valeurs est obligatoire.

### Démarche

Utiliser une boucle pour éviter que l'usager ne puisse saisir une valeur inférieure ou égale à 0 pour la taille et le poids.

### Solution

Pour forcer l'utilisateur à saisir une valeur supérieure à 0 que ce soit pour le poids ou la taille, on va d'abord initialiser la variable à la valeur 0 puis ensuite on utilise une boucle avec la condition adéquate qui est dans notre cas que la variable soit $> 0$.

On procède de la même manière pour la valeur de sexe qui ne peut être que 0 ou 1.

```python
#Definition du risque
risque =["Minimum vital","Athlétique","En forme","Moyen","Obèse"]

age = int(input("Saisir votre age:"))
# On suppose que l'usager nous donne soit 0 ou 1
sexe = int(input("Saisir 0 pour femme et 1 pour male:"))
while sexe <0 or sexe > 1:
    sexe = int(input("Saisir 0 pour femme et 1 pour male:"))


poids = 0
while poids <= 0:
    poids = float(input("Saisir votre poids:"))


taille = 0
while taille <= 0:
    taille = float(input("Saisir votre taille:"))
# Calcul img selon la regle
img = (1.2 * poids / (taille ** 2)) + (0.23 * age) - (10.8 * sexe) -
↪  5.4
print("Votre img est:{0:7.2f}".format(img))
```

```python
#Determination du risque santé
if sexe == 0 :#femme
            if 10<=img <= 13 :
                index=0
            elif img <= 20 :
                index=1
            elif img<=24:
                index=2
            elif img<=31:
                index=3
            else :
                index=4

elif sexe == 1:#homme
    if 2 <= img <= 5:
        index = 0
    elif img <= 13:
        index = 1
    elif img <= 17:
        index = 2
    elif img <= 24:
        index = 3
    else:
        index = 4

print("Votre risque de santé selon IMG:{0:7.2f}
↳   est:{1:15s}".format(img,risque[index]))
```

En exécution, on aura la sortie suivante :

```
Saisir votre age:29
Saisir 0 pour femme et 1 pour male:0
Saisir votre poids:0
Saisir votre poids:55
Saisir votre taille:0
Saisir votre taille:1.58
Votre img est:  27.71
Votre risque de santé selon IMG:  27.71 est:Moyen
```

## 12.4   Utilisation de Fonctions

### Objectif

Développer la partie affichage du risque ainsi que le calcul IMG en utilisant des fonctions.

### Démarche

On procède au refactoring de notre code en introduisant 5 fonctions

— **saisir_valeur()** : permet la saisie de valeurs en float
— **saisir_entier()** : permet la saisie de valeurs en entier positif
— **saisir_sexe()** : permet la saisie de valeurs 0 ou 1 strictement
— **afficher_img()** : affichage IMG
— **afficher_risque()** : afficher le risque de santé
— **calculer_img()** : calcul de la valeur IMG
— **determiner_risque()** : déterminer le risque de santé
— **main()** : déroulement du programme

## Solution

Le code développé dans les sections précédentes sera maintenant découpé en fonctions. Celles-ci seront placées dans le module **mod_fonctions**. Le code est montré dans le listing suivant.

```python
# Definition du risque
risque = ["Minimum vital", "Athlétique", "En forme", "Moyen", "Obèse"]

def saisir_entier(msg, msg_error):
    valeur = int(input(msg))
    while valeur <= 0:   # Valider que c'est positif
        valeur = int(input(msg_error))
    return valeur


def saisir_sexe(msg, msg_error):
    valeur = int(input(msg))
    while valeur < 0 or valeur > 1:   # Valider que c'est 0 ou 1
        valeur = int(input(msg_error))
    return valeur
```

```python
def saisir_valeur(msg, msg_error):
    valeur = float(input(msg))
    while valeur <= 0:
        valeur = float(input(msg_error))
    return valeur
```

Les fonctions pour déterminer le IMG et afficher le risque sont indiquées dans le code suivant :

```python
def calculer_img(poids, taille, age, sexe):
    # Calcul img selon la regle
    return (1.2 * poids / (taille ** 2)) + (0.23 * age) - (10.8 * sexe)
    ↪   - 5.4

def afficher_img(valeur):
    print("Votre img est :{0:7.2f}".format(valeur))

def determiner_risque(img, sexe):
    # Determination du risque santé
    if sexe == 0:   # femme
        if 10 <= img <= 13:
            index = 0
        elif img <= 20:
            index = 1
        elif img <= 24:
            index = 2
        elif img <= 31:
            index = 3
        else:
            index = 4

    elif sexe == 1:   # homme
        if 2 <= img <= 5:
            index = 0
        elif img <= 13:
            index = 1
        elif img <= 17:
            index = 2
        elif img <= 24:
            index = 3
        else:
            index = 4

    return index
```

```python
def afficher_risque(indice, img):
    print("Votre risque de santé selon IMG:{0:7.2f}
    ↪  est:{1:15s}".format(img, risque[indice]))
```

Finalement, le code d'appel sera le suivant :

```python
def main():
    # saisir le poids
    poids = saisir_valeur("Saisir le poids:", "Saisir le poids > 0:")
    # saisie la taille
    taille = saisir_valeur("Saisir la taille:", "Saisir la taille >
    ↪  0:")
    # Saisir l'age
    age = saisir_entier("Saisir votre age:","Saisir votre age > 0:")
    # Saisir le sexe
    # On suppose que l'usager nous donne soit 0 ou 1
    sexe = saisir_sexe("Saisir 0 pour femme et 1 pour male:", "Saisir
    ↪  0 ou 1 seulement:")
    # calculer img
    img = calculer_img(poids, taille, age, sexe)
    # afficher img
    afficher_img(img)
    # determiner indice
    indice = determiner_risque(img, sexe)
    # afficher risque
    afficher_risque(indice, img)

if __name__ == '__main__':
    main()
```

## 12.5  Utilisation d'une classe de modélisation

### Objectif

Développer une classe qui nous permettra de modéliser une valeur IMG.

### Démarche

On procède en premier par développer la classe de modélisation d'un patient. Pour cela, on considère les attributs suivants :

— **nom** : str
— **age** : int
— **sexe** : int
— **poids** : float
— **taille** : float

On ajoutera la méthode `__str__()` pour avoir l'état de l'objet. Le nom de la classe sera **Patient**.

— Procéder au refactoring du code pour le calcul en faisant en sorte que **calculer_img()** soit une méthode de l'objet de type **Patient**.
— Dérouler le programme en procédant à l'instantiation d'un objet de type **Patient**. En utilisant cet objet, procéder au calcul de la valeur de l'IMG.

### Solution

On intègre maintenant une classe modèle **Patient**. Celle-ci sera placée dans le module **mod_classes**. Les attributs sont ceux définis dans l'initialisateur. Le code est montré dans le listing suivant.

```python
class Patient:    # Classe entité ou domaine
    def __init__(self, nom: str, age: int, sexe: int, poids: float,
    ↪    taille: float):
        self.nom = nom
        self.age = age
        self.sexe = sexe
        self.poids = poids
        self.taille = taille

    def __str__(self):
        return "Nom:{}, age:{}, sexe:{}, poids:{},
        ↪    taille:{}".format(self.nom,
        self.age, self.sexe, self.poids, self.taille)
```

```python
    def calculer_img(self):  # On peut utiliser cette méthode pour le
↪     calcul IMG
        return (1.2 * self.poids / (self.taille ** 2)) + (0.23 *
↪       self.age) - (10.8 * self.sexe) - 5.4
```

On procède maintenant à la création d'un objet de type **Patient**, soit

```python
def main():
    # Saisir le nom
    nom = input("Saisir le nom:")
    # saisir le poids
    poids = saisir_valeur("Saisir le poids:", "Saisir le poids > 0:")
    # saisie la taille
    taille = saisir_valeur("Saisir la taille:", "Saisir la taille >
↪     0:")
    # Saisir l'age
    age = saisir_entier("Saisir votre age:", "Saisir votre age > 0:")
    # Saisir le sexe
    # On suppose que l'usager nous donne soit 0 ou 1
    sexe = saisir_sexe("Saisir 0 pour femme et 1 pour male:", "Saisir
↪     0 ou 1 seulement:")
    # Creer un objet de type Patient
    patient = Patient(nom, age, sexe, poids, taille)
    # calculer img
    img =patient.calculer_img()
    # afficher img
    afficher_img(img)
    # determiner indice
    indice = determiner_risque(img, sexe)
    # afficher risque
    afficher_risque(indice, img)
```

## 12.6 Utilisation d'un fichier

### Objectif

Développer une approche pour le stockage dans un fichier **csv**.

### Démarche

— On utilisera le module **csv** pour être capable d'écrire le contenu de l'objet comme une chaîne csv (comma separated values). Une ligne sera représentée par la suite de valeurs suivantes :

— **nom** : str
— **age** : int
— **sexe** : int
— **poids** : float
— **taille** : float

— Développer la méthode **enregistrer_img(nom_fichier, personne)** qui prend le nom du fichier ainsi qu'un objet de type **Patient** et écrit le contenu dans le fichier correspondant.
— On procédera en premier par l'ouverture du fichier par la fonction open() en mode **append**. L'objet pour l'écriture sera obtenu par la fonction `writer` du module **csv**.
— L'écriture se fera par la méthode `writerow()` de l'objet d'écriture.

Solution

On intègre maintenant le code d'écriture en utilisant le module **csv**. La fonction sera placée dans le module **mod_fichiers**.

```python
import csv

def enregistrer_img(nom_fichier, pat):
    with open(nom_fichier, "a", newline="\n") as fouc:
        writeur = csv.writer(fouc, quoting=csv.QUOTE_NONNUMERIC)
        writeur.writerow((pat.nom, pat.age, pat.sexe, pat.poids,
         ↪  pat.taille))
```

On modifie de ce fait la fonction **main()** pour intégrer l'appel vers la fonction **enregistrer_img()**, soit :

```python
def main():
    # Saisir le nom
    nom = input("Saisir le nom:")
    # saisir le poids
    poids = saisir_valeur("Saisir le poids:", "Saisir le poids > 0:")
    # saisie la taille
    taille = saisir_valeur("Saisir la taille:", "Saisir la taille >
    ↪    0:")
    # Saisir l'age
    age = saisir_entier("Saisir votre age:", "Saisir votre age > 0:")
    # Saisir le sexe
    # On suppose que l'usager nous donne soit 0 ou 1
    sexe = saisir_sexe("Saisir 0 pour femme et 1 pour male:", "Saisir
    ↪    0 ou 1 seulement:")
    # Creer un objet de type Patient
    patient = Patient(nom, age, sexe, poids, taille)
    # calculer img
    img =patient.calculer_img()
    # afficher img
    afficher_img(img)
    # determiner indice
    indice = determiner_risque(img, sexe)
    # afficher risque
    afficher_risque(indice, img)
    # Sauvegarder dans un fichier
    enregistrer_img("sortie_img.csv", patient)

if __name__ == '__main__':
    main()
```

On n'oubliera pas d'importer la fonction **enregistrer_img()**.

## 12.7 Développement d'une interface GUI avec TkInter

### Objectif

Développer le module graphique GUI pour la saisie et affichage.

### Démarche

— Dans un premier temps, on procède au codage de l'interface pour fournir les fonctionnalités suivantes :

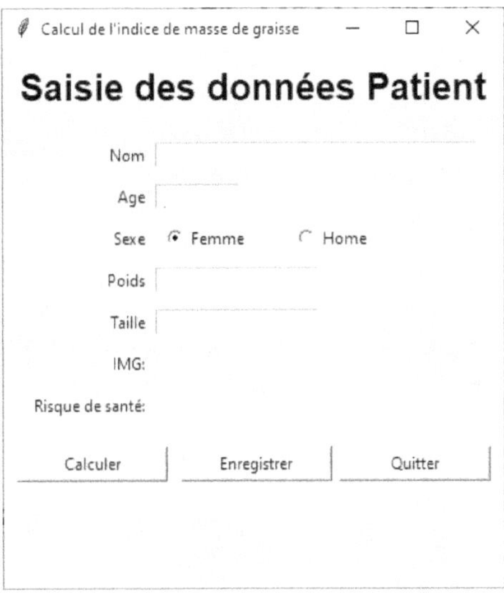


FIGURE 12.2 – Interface graphique finale

— On utilisera le manager de type `grid` pour la mise en place de l'interface.

Solution

On développe maintenant l'interface graphique en se basant sur le module tkinter.

On aura besoin d'importer les différents modules nécessaires pour l'interface. On a aussi les fonctions qui seront appelées lors l'utilisateur clique sur les boutons.

```python
from tkinter import *
from mod_classes import Patient
from mod_fichiers import enregistrer_img
from mod_main import risque, determiner_risque

def quit():
    root.destroy()

def main_calcul():
    patient = Patient(nom.get(), int(age.get()),int(choix_sexe.get()),
    ↪   float(poids.get()), float(taille.get()))
    #Appel pour le calcul IMG
    img = patient.calculer_img()
    #Afficher IMG, risque
    lbl_img.config(text="{0:5.2f}".format(img))
    indice = determiner_risque(img,patient.sexe)
    lbl_risque.config(text=str(risque[indice]))

def enregistrer():
    personne = Patient(nom.get(), int(age.get()),int(choix_sexe.get()),
    ↪   float(poids.get()), float(taille.get()))
    #Sauvegarde csv
    enregistrer_img("sortie_img.csv", personne)
```

Le code de création de l'interface utilise le **grid** manager. On crée pour cela un objet
**Frame** pour contenir le titre de la fenêtre, soit :

```python
#Creation de la fenetre princicpale
root = Tk()
root.title("Calcul de l'indice de masse de graisse")
root.geometry("380x400")
#Variable pour le suivi selection de sexe patient
choix_sexe =  StringVar()
choix_sexe.set(0)   # init
#Creation d'un frame pour le titre
frame_titre = Frame(root)
titre_font = ('arial', 20, 'bold')
label_titre = Label(frame_titre, text='Saisie des données Patient',
↪   font=titre_font)
label_titre.grid(row=1, column=1,    padx=5, pady=5 )
```

Un deuxième **Frame** est créé pour contenir les objets graphiques, soit :

```python
#Creation d'un frame pour les composants graphiques
frame_compo = Frame(root)
Label(frame_compo , text='Nom').grid(row=1, column=1, sticky=E, padx=5,
↪    pady=5)
Label(frame_compo , text='Age').grid(row=2, column=1, sticky=E, padx=5,
↪    pady=5)
Label(frame_compo , text='Sexe').grid(row=3, column=1, sticky=E,
↪    padx=5, pady=5)
Label(frame_compo , text='Poids').grid(row=4, column=1, sticky=E,
↪    padx=5, pady=5)
Label(frame_compo , text='Taille').grid(row=5, column=1, sticky=E,
↪    padx=5, pady=5)
Label(frame_compo , text='IMG:').grid(row=6, column=1, sticky=E,
↪    padx=5, pady=5)
Label(frame_compo , text='Risque de santé:').grid(row=7, column=1,
↪    sticky=E, padx=5, pady=5)

nom = Entry(frame_compo , width=40)
nom.grid(row=1, column=2, columnspan=4, sticky=W)
age = Entry(frame_compo , width=10)
age.grid(row=2, column=2, columnspan=4, sticky=W)

val_sexe = [("Femme", 0),
            ("Home", 1)]
#  valeurs
i = 2
for s_k, val in val_sexe:
    Radiobutton(frame_compo,
                text=s_k,
                padx=5,
                variable=choix_sexe,
                value=val).grid(row=3, column=i, sticky=W)
    i += 1

poids = Entry(frame_compo , width=20)
poids.grid(row=4, column=2, columnspan=4, sticky=W)
taille = Entry(frame_compo , width=20)
taille.grid(row=5, column=2, columnspan=4, sticky=W)
lbl_img = Label(frame_compo  )
lbl_img.grid(row=6, column=2,  sticky=W)
lbl_risque = Label(frame_compo )
lbl_risque.grid(row=7, column=2, sticky=W)
```

Un troisième **Frame** est créé pour contenir les boutons, soit :

```python
#Creation d'un frame pour les boutons
frame_boutons = Frame(root)
btn_calculer = Button(frame_boutons, text='Calculer', width=15,
↪    command=main_calcul)
btn_calculer.grid(row=1, column=1, padx=5, pady=5)
btn_enregistrer = Button(frame_boutons, text='Enregistrer', width=15,
↪    command=enregistrer)
btn_enregistrer.grid(row=1, column=2, padx=5, pady=5)
btn_cancel = Button(frame_boutons, text='Quitter', width=15,
↪    command=quit)
btn_cancel.grid(row=1, column=3)
```

Finalement, les différents objets **Frame** sont ajoutés dans la fenêtre principale.

```python
#Placement des frames
frame_titre.grid(row=1, column=1,columnspan=3,    padx=5, pady=5 )
frame_compo.grid(row=2, column=1,    padx=5, pady=5 )
frame_boutons.grid(row=3, column=1,    padx=5, pady=5 )

root.mainloop()
```

# Index Alphabetique

# COMMENTAIRES

Merci d'avoir pris le temps de lire ce livre. J'espère que vous l'avez apprécié autant que j'ai aimé l'écrire. Pourriez-vous envisager de laisser une critique ? Même quelques mots aideraient les autres à décider si le livre leur convient.

J'ai rendu cela très simple : il vous suffit d'utiliser le lien ci-dessous et vous serez dirigé vers la page de commentaires d'Amazon pour ce livre, Vous pourrez ainsi laisser votre avis.

http ://tinyurl.com/bdfrscex

Si vous avez une application pouvant lire les codes QR, vous pouvez scanner le code suivant pour être redirigé vers la page de commentaires.

Meilleures salutations et merci d'avance.